やさしく詳しい解説・しっかり身に付く文法・話したくなる表現

CD付

ドイツ語のスタートライン

在間 進 著

SANSHUSHA

● 音声ダウンロード・ストリーミング

本書の付属 CD と同内容の音声がダウンロードならびにストリーミング再生でご利用いただけます。PC・スマートフォンで本書の音声ページにアクセスしてください。

https://www.sanshusha.co.jp/np/onsei/isbn/9784384053708/

トラック対応表

Track		頁	Track		頁
1	アルファベット	8	26	第 12 課	85
2	発音と単語の読み方	9	27	テキスト 8	90
3	第 1 課	14	28	文法補足 3	92
4	テキスト 1	20	29	第 13 課	93
5	第 2 課	23	30	テキスト 9	98
6	第 3 課	25	31	第 14 課	100
7	テキスト 2	30	32	第 15 課	102
8	第 4 課	32	33	テキスト 10	106
9	第 5 課	36	34	第 16 課	108
10	テキスト 3	42	35	第 17 課	111
11	第 6 課	44	36	文法補足 4	116
12	コーヒーブレイク 2	47	37	テキスト 11	118
13	第 7 課	48	38	第 18 課	120
14	テキスト 4	52	39	テキスト 12	125
15	第 8 課	54	40	第 19 課	128
16	第 9 課	60	41	テキスト 13	132
17	テキスト 5	64	42	第 20 課	134
18	文法補足 1	66	43	文法補足 5	139
19	第 10 課	68	44	テキスト 14	140
20	コーヒーブレイク 4	73	45	第 21 課	142
21	テキスト 6	74	46	テキスト 15	146
22	文法補足 2	76	47	第 22 課	150
23	第 11 課	77	48	テキスト 16	158
24	テキスト 7	82	49	補足記事	162
25	コーヒーブレイク 5	84			

まえがき

　せっかくドイツ語を学ぶなら，しっかりしたドイツ語をちゃんと学びませんか，しかも楽しく── こんなセリフがどうしても言いたくて，一生懸命やさしく語り口調で作成したのが本書です。

　本書は，オーソドックスに，文法説明の部分と，それを確かな知識にするための練習問題の部分と，その知識を応用するためのテキストの部分の3つから構成しましたが，本書の特徴として，先生なら，ここは繰り返し説明するだろうなと思うような文法のポイントには，補助的に赤字でメモを付けました。活用してください。

　また，本書にはネイティブ吹き込みによるCDが付いています。私の声で日本語による簡単な解説も吹き込んでおきました。ですので，CDを聞くだけで，文法のポイントを確認しながら，音声的勉強ができるようになっています。是非こちらも活用してください。

　ドイツ語は決して難しい言語ではありません。みなさんが焦らず，気楽に，そして繰り返し学ぶ熱意さえ持つならば，ドイツ語の学習がみなさんにとってきっときっと楽しいものになるはずです。本書を通して，一人でも多くの人がドイツ語，そしてドイツ語圏の国々，ドイツ，オーストリア，スイスなどに親しみを感じるようになることを願ってやみません。

在間　進

Inhalt

まえがき
アルファベット………8
発音と単語の読み方………9

第1課 動詞の人称変化………14
1 主語の種類　2 動詞の人称変化　3 不定形　4 親称と敬称
5 不定形が-nで終わる動詞　6 sein, haben, werden の人称変化

☕ コーヒーブレイク1　「おまえ！」と「ねえ、あなた！」…22

第2課 名詞の性………23
1 名詞の頭文字　2 名詞の「性」　3 名詞の性と冠詞

第3課 名詞と冠詞の格変化………25
1 格の種類　2 格の形　3 2格の格語尾　4 定冠詞の格変化
5 不定冠詞の格変化　6 格の用法

第4課 不規則な人称変化………32
1 口調上の e　2 母音が変わる不規則変化

第5課 前置詞の格支配………36
1 前置詞の格支配　2 1つの格形と結び付く前置詞
3 3格と4格を支配する前置詞　4 前置詞と定冠詞の融合形
5 動詞の前置詞支配

第6課 語順………44
1 平叙文の語順　2 疑問文の語順　3 疑問詞

☕ コーヒーブレイク2　動物の「性」と鳴き方…47

第7課 並列接続詞と従属接続詞………48
1 並列接続詞　2 従属接続詞

第8課 名詞の複数形………54
1 複数形　2 5種類の複数形　3 複数の格変化　4 男性弱変化名詞

☕ コーヒーブレイク3　指を使った数の数え方…58

第9課 冠詞類の格変化………60
1 2種類の冠詞類　2 定冠詞類の格変化　3 不定冠詞類の格変化

【文法補足1】冠詞類の格変化一覧表………66

第10課 形容詞の格変化………68
1 形容詞の格変化の3種類　2 定冠詞類の場合　3 不定冠詞類の場合
4 冠詞類のない場合

☕ コーヒーブレイク4　形容詞schlimmとschlecht…73

【文法補足2】熟語の挙げ方………76

第11課 分離動詞………77
1 分離動詞　2 分離動詞を用いた文の作り方　3 副文中の分離動詞
4 分離動詞の人称変化　5 非分離前つづり

☕ コーヒーブレイク5　分離前つづりによる類義語…84

第12課 話法の助動詞………85
1 話法の助動詞の人称変化　2 話法の助動詞を用いた文の作り方
3 副文中の話法の助動詞　4 möchten「…したい」　5 未来時制

【文法補足3】話法の助動詞の「ひとり立ち」………92

第13課 人称代名詞と再帰代名詞………93
1 3格と4格の人称代名詞　2 再帰代名詞　3 再帰動詞　4 相互代名詞

第14課 命令形………100
1 du/ihrに対する命令形　2 duに対する命令形のバリエーション
3 Sieに対する命令形

過去形………102
1 規則的な作り方　2 不規則な作り方　3 前つづりを持つ動詞の過去形
4 過去人称変化

 過去分詞の作り方………108
1 規則的な過去分詞　2 不規則な過去分詞
3 前つづりを持つ動詞の過去分詞

 現在完了形・過去完了形………111
1 完了不定詞　2 現在完了形の文の作り方　3 副文中の完了形
4 sein によって完了形を作る動詞　5 現在完了形の人称変化
6 用法　7 過去完了形
【文法補足4】話法の助動詞の完了文………116

 受動文………120
1 受動不定詞　2 受動文の作り方　3 副文中の受動形
4 受動形の人称変化　5 状態受動

 zu 不定詞………128
1 zu 不定詞の働き　2 zu 不定詞(句)の作り方　3 用法

 比較表現………134
1 形容詞の比較変化　2 名詞修飾としての用法　3 述語としての用法
4 副詞の比較変化　5 原級による比較表現
【文法補足5】nicht の位置………139

第21課 関係文………142
1 関係代名詞の格変化　2 関係文の作り方　3 関係代名詞の形の決め方
4 不定関係代名詞 wer と was

第22課 接続法……150
1 接続法 2 接続法第1式 3 接続法第2式 4 用法
5 würde による言い換え 6 接続法の過去

☕ コーヒーブレイク6 Tier と Frucht …165

☆ ドイツ語の数字………162
☆ 不規則動詞変化一覧表………173

練習問題1	人称変化………19		練習問題10	過去形………105
練習問題2	格変化………29		練習問題11	三基本形………110
練習問題3	前置詞………41		練習問題12	完了形………117
練習問題4	複数形………59		練習問題13	受動形………124
練習問題5	冠詞類………63		練習問題14	zu 不定詞………131
練習問題6	形容詞………72		練習問題15	比較………138
練習問題7	分離動詞………81		練習問題16	関係文………145
練習問題8	話法の助動詞………89		練習問題17	接続法………157
練習問題9	再帰代名詞………97			

● 練習問題解答………166

テキスト

テキスト I	Ich lerne Deutsch. ………20
テキスト II	Der Lehrer ist nett. ………30
テキスト III	Wo bist du? ………42
テキスト IV	Der Löwe ………52
テキスト V	Die Fledermaus ………64
テキスト VI	Ein großer Hund und eine kleine Katze ………74
テキスト VII	Der Maulwurf ………82
テキスト VIII	Ein Fuchs ………90
テキスト IX	Ein Spiegel ………98
テキスト X	Vergissmeinnicht ………106
テキスト XI	Was hast du gemacht? ………118
テキスト XII	Mutti, Vati! ………125
テキスト XIII	Uhrenfamilie ………132
テキスト XIV	Die Mäuse und die Katze ………140
テキスト XV	Der Klee ………146
テキスト XVI	Silvester-Ansprache ………158

アルファベット ― Alphabet

ドイツ語のアルファベットは，英語と同じように26文字と**4つのドイツ語独特**の文字からできています。次のように読まれます。

A	a	アー	N	n	エン	
B	b	ベー	O	o	オー	
C	c	ツェー	P	p	ペー	
D	d	デー	Q	q	クー	
E	e	エー	R	r	エル	
F	f	エフ	S	s	エス	
G	g	ゲー	T	t	テー	
H	h	ハー	U	u	ウー	
I	i	イー	V	v	ファオ	
J	j	ヨット	W	w	ヴェー	
K	k	カー	X	x	イックス	
L	l	エル	Y	y	ユプスィロン	
M	m	エム	Z	z	ツェット	

ドイツ語独特の4つの文字はA (a), O (o), U (u)に ¨ を付けたものと ß です。

Ä	ä	エー	Ü	ü	ユー
Ö	ö	エー		ß	エス・ツェット

 ¨ の付いたものはそれぞれアー・ウムラウト，オー・ウムラウト，ウー・ウムラウトと呼びます。Ä (ä) は口を大きく開けて［エー］と言えばよいのですが，Ö (ö) は口をOを発音するようにまるめておいて［エー］と言うのです。またÜ (ü) は，口笛を吹くように唇をまるめて前に突きだして［イー］と言うのです。

発音と単語の読み方 — Aussprache
アオスシュプラーヘ

　ドイツ語の**発音**は，日本人にとって決して難しくはありません。大部分は，日本語の発音と似ているのです。発音を示すのに本書では**カナ**を用いますが，それは，ドイツ人にそれなりに通じる発音がカナによっても十分に表記できるからなのです。発音が日本語に似ているというのは何よりではありませんか。

　次に，ドイツ語の**単語の読み方**です。これも大部分ローマ字の読み方に似ていて，私たち日本人には比較的やさしいのです。実例にあたってみましょう。発音を単語の下にカナで表記しますが，**アクセント**のある音節は太字にしてあります。

　ローマ字式とまったく同じというわけではありませんが，まあまあ読めましたね。ドイツ語の単語は原則的に<u>ローマ字を読むように</u>読めばよいのです。また<u>アクセントは原則的に第１音節</u>にあります。
　しかしカナ表記はあくまで発音を示す補助手段でしかありませんので，できる限りCDで正確な発音を学ぶようにしてください。

　三番目に，母音の長短ですが，アクセントを持つ母音に関して，１個の子音の前で長く，２個以上の子音の前では短いという規則があります。しかしこれも規則を覚えるよりも，実例にあたって，勘でわかるようになるのが一番です。上例はすべて短母音の例でしたので，長母音の例を挙げてみましょう。

　今まで３つ程，原則的なことを述べましたが，次に，**ドイツ語特有**の単語の読み方を学ぶことにしましょう。まずはじめはウムラウトの文字からです。

ä, ö, ü

これらの発音の仕方はアルファベットのところで説明しましたので，早速，これらの文字を含む単語を挙げてみましょう。

　　　　子音2個　　　　　　　　　　子音1個

kämmen　髪をとかす　　　Träne　涙
ケンメン　　　　　　　　　トレーネ
　　　　のばさない　　　　　　　　のばす

öffnen　開ける　　　　　　hören　聞く
エフネン　　　　　　　　　ヘーレン

fünf　5　　　　　　　　　müde　疲れた
フュンフ　　　　　　　　　ミューデ

ei と ie

ei は［エイ］でなく［アイ］，ie は［イエ］でなく［イー］と発音します。

Geige　バイオリン　　　　bleiben　留まる
ガイゲ　　　　　　　　　　ブライベン

Liebe　愛　　　　　　　　Brief　手紙
リーベ　　　　　　　　　　ブリーフ
　　のばす

eu と äu

ふたつとも［エウ］ではなく，［オイ］と発音します。

Freude　喜び　　　　　　 heute　今日
フロイデ　　　　　　　　　ホイテ

läuten　（鐘が）鳴る　　　träumen　夢をみる
ロイテン　　　　　　　　　トロイメン

母音の後ろの h

ドイツ語の文字はすべてなんらかの音を示すのですが，この h だけは前の母音を長くのばせという記号です。

　　のばす h

Kuh　雌牛　　　　　　　　gehen　行く
クー　　　　　　　　　　　ゲーエン

なお，aa, ee, oo と母音が2つ並んでいる場合も［アー］［エー］［オー］と長く発音します。

　　のばす

Haar　髪　　　　　Tee　お茶　　　　Boot　ボート
ハール　　　　　　テー　　　　　　　ボート

| **ch** | ch は，a, o, u, au の後ろに置かれる場合と，その他の場合とで異なって発音されます。a, o, u, au の後ろに置かれる場合，のどの奥から［ハッ］と，のどがかすれるように発音します。

Nacht　夜　　　　　　　　kochen　料理する
ナハト　　　　　　　　　　　コッヘン

Buch　本　　　　　　　　　auch　…も
ブーフ　　　　　　　　　　　アオホ

［チ］にならないように

その他の場合は［ヒ］と発音します。

nicht　…ない（英語 *not*）　Milch　ミルク
ニヒト　　　　　　　　　　　ミルヒ

| **j と v と w** | これはそれぞれ［ヨット］，［ファオ］，［ヴェー］と呼ばれることから推測できるように，j は英語の *y*，v は英語の *f*，w は英語の *v* に対応します。

Japan　日本　　　　　　　　Vogel　鳥
ヤーパン　　　　　　　　　　フォーゲル

Wein　ワイン
ヴァイン

| **母音の前の s** | s は母音の前では［ザ，ズィ，ズ，ゼ，ゾ］と，有声になります（母音の前以外では無声です）。

sagen　言う　　　　　　　　singen　歌う
ザーゲン　　　　　　　　　　ズィンゲン

| **ss と ß** | どちらも無声音の［ス］なのですが，次のように書き分けられます：前の母音が短い場合は ss，その他の場合は ß［エス・ツェット］。

短母音　　　　　　　　　　　　　　　　　　長母音

küssen　キスをする　　Fluss　川　　Straße　道路
キュッセン　　　　　　フルス　　　　シュトラーセ

| **sch と tsch** | sch は英語の *sh*，tsch は英語の *ch* と同じように発音します。

Schule　学校　　　　　　　　Deutsch　ドイツ語
シューレ　　　　　　　　　　　ドイチュ

| 語頭の sp- と st- | 語頭の sp- と st- はそれぞれ［シュプ］［シュト］と発音します。 |

sprechen 話す
シュプレッヒェン

stehen 立っている
シュテーエン

にごらない

| 語末の -b と -d と -g | b, d, g が語末にあるときには無声になり，p, t, k のように発音します。 |

halb 半分の
ハルプ

Kind 子ども
キント

Tag 日
ターク

| 語末の -ig | ig が語末にあるとき，［イヒ］と発音します。 |

［ク］［グ］にならないように

Honig みつ
ホーニヒ

König 王様
ケーニヒ

| 語末の -r と -er | r と（アクセントを持たない）er は語末にあるとき，［ア/アー］と母音化します。 |

アクセントを持たない

Tür 戸
テューア

Vater 父
ファーター

| pf | これは日本語にない難しい発音です。下唇を上の歯で軽くかむようにして，一気に［プッ］と息を破裂させて発音するのです。とても無理と思う人は p のつもりで発音してください。カタカナは一応［プフ］と表記しておきます。 |

Apfel りんご
アップフェル

Kopf 頭
コップフ

| qu | q は単独で用いることがありません。いつも qu の結合で用い，発音は［クヴ］です。 |

Quelle 泉
ク**ヴェ**レ

Qual 苦しみ
ク**ヴァ**ール

本当です！
辞書を見てみよう

x と chs どちらも［クス］と発音します。

Taxi タクシー
タクスィー

sechs 6
ゼックス

z, ts, tz, ds これらはすべて［ツ］と発音します。

Zeit 時間
ツァイト

Rätsel なぞなぞ
レーツェル

Katze 猫
カッツェ

abends 晩に
アーベンツ

以上，ローマ字式とは異なっているものを説明しましたが，特に外来語にはさらに例外的な読み方があります。たとえば

Chef 主任（チーフ）
シェフ

Familie 家族
ファミーリエ

したがって，ドイツ語の単語を覚えるときには，母音の長短も含めて，メンドウでも一つひとつ辞書を引いて発音を確かめることが必要と言えるでしょう。しかし新しい単語に出会うたびに，毎回辞書を引いていてはドイツ語学習も「苦行」になりますね。そこで本書では，例文や練習問題にも発音や単語の意味を与え，少しでも「ゆとりをもって」ドイツ語が学べるように配慮してあります。もし少しでもゆとりが持てるようになりましたら，辞書を引くことも学んでください。

第1課 動詞の人称変化

Lektion eins

Track 3

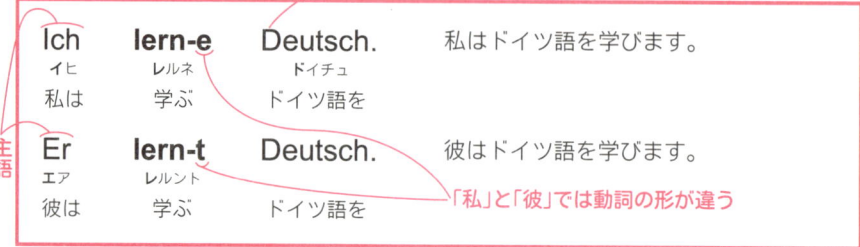

Ich イヒ 私は	lern-e レルネ 学ぶ	Deutsch. ドイチュ ドイツ語を	私はドイツ語を学びます。
Er エア 彼は	lern-t レルント 学ぶ	Deutsch. ドイチュ ドイツ語を	彼はドイツ語を学びます。

（主語）

名詞は大文字で書き始める

「私」と「彼」では動詞の形が違う

　上例の動詞を見てください。**主語**が「私は」（＝ich）,「彼は」（＝er）などと変わることによって，動詞の末尾が少し変わっていますね。「私は」の場合は -e,「彼は」の場合は -t となっています。この課では，主語によって動詞の形が変わることを学びます。

1 主語の種類

　ドイツ語の**主語**になる**人称代名詞**には，3つの**人称**（1人称・2人称・3人称）と2つの**数**（単数・複数）に基づいて，次の8つの形があります。形が同じものもあるので，しっかり覚えてください。

	単　数		複　数	
1人称	**ich** イヒ	私は	**wir** ヴィーア	私たちは
2人称	**du** ドゥー	君は	**ihr** イーア	君たちは
3人称	**er** エア	彼は	**sie** ズィー	彼（彼女，それ）らは
	sie ズィー	彼女は		
	es エス	それは		

形は同じだが要注意

動詞の人称変化 第1課

2 動詞の人称変化

次に，主語の種類によって動詞がどのような語尾を付けるのかをまとめて見ることにしましょう。次の例で，lern- の部分が**語幹**，-e，-st，-t，-en などの部分が**語尾**（＝人称語尾）です。語幹は変化しません。

	単　数			複　数	
ich イヒ	**lern-e** レルネ	私は学ぶ	wir ヴィーア	**lern-en** レルネン	私たちは学ぶ
du ドゥー	**lern-st** レルンスト	君は学ぶ	ihr イーア	**lern-t** レルント	君たちは学ぶ
er エア sie ズィー es エス	**lern-t** レルント	彼は 彼女は ｝学ぶ それは	sie ズィー	**lern-en** レルネン	彼［女］らは学ぶ

語尾

er で代表させて er lernt と覚える　　　　不定形 3 と同じ形

動詞はこのように主語の人称によって語尾を変えるのですが，このことを動詞の**人称変化**，人称変化した動詞の形を**定形**（←主語が定まった形）と呼びます。ここで，念のため**人称語尾**だけをまとめて表にしてみましょう（なお，今後，3人称単数の人称変化を示す場合，er, sie, es は常に同一の人称変化をするため，er で代表させます）。

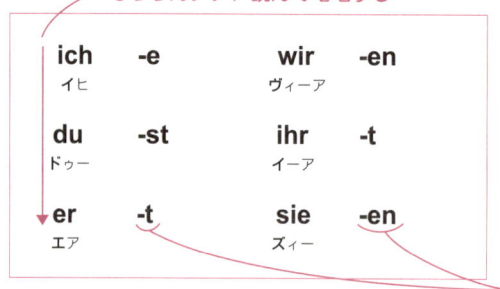

3 不定形

動詞の形には，定形の他に，**不定形**（←形がまだ定まらない動詞）というものがあります。これは英語の原形（*am*, *is* などに対する *be* の形）にあたるもので，動詞の語幹に **-en** を付けて作ります。したがって通常，1人称・3人称の複数の場合と同形になります。いくつか例を挙げてみましょう。

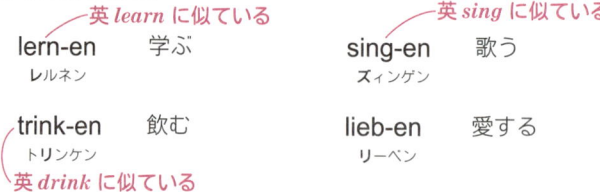

語尾がすべて **-en** になっているのに注意してください。この不定形がさしあたって重要なのは，辞書で動詞の意味を引く場合です。すなわち辞書の見出し語には不定形が用いられているのです。ですから，動詞の意味を辞書で調べるには，文中の定形を不定形に直してから辞書を引かなければならないのです。練習問題で定形と不定形の関係をしっかり学んでください。

動詞の人称変化 | 第1課

4 親称と敬称

2人称は，du / ihr の他に **Sie**［ズィー］という形があります。du / ihr は肉親，夫婦，友人などの親密な間柄の人に用いるもので，**親称**と呼ばれます。それに対して，Sie はあまり親密でない間柄の，あるいは初めて会う人に対して用いるもので，**敬称**と呼ばれます。ですから，知り合いになりたてのドイツ人と話すときは Sie を用い，親しくなるにつれ du を用いるようになるのです。みなさんも早く，du で話のできるドイツ人が見つかるとよいですね。

敬称は，文中でも常に頭文字を大文字で書き，単数と複数が同形です。また，人称語尾は3人称複数 (sie) に準じ，-en になります。

シチュエーションによって
単数「あなた」の場合と
複数「あなたたち」の場合がある

Ich lerne Deutsch, aber **Sie lernen** Englisch.
　レルネ　ドイチュ　アーバー　　レルネン　エングリッシュ

私はドイツ語を学びますが，あなた［たち］は英語を学びます。

S 大文字
小文字で sie だと
「彼らは」になる

5 不定形が -n で終わる動詞

不定形の語尾は -en だと述べながら，すぐに例外を学べと言うのは無理かも知れませんが，不定形の語尾が -n になる動詞がわずかながらあるのです。これらの動詞では1人称複数 (wir)・3人称複数 (sie)・2人称敬称 (Sie) の人称語尾も -en ではなく，-n になります（33ページも参照）。

angeln　釣りをする　　：wir
アンゲルン　　　　　　　ヴィーア
　　　　　大文字
　　　　　　　　　　　　Sie（2人称敬称）　　angeln
　　　　　　　　　　　　ズィー
　　　　　　　　　　　　sie（3人称複数）
　　　　　　　　　　　　ズィー

rudern　漕ぐ　　　　：wir
ルーダーン　　　　　　ヴィーア
　　　　　　　　　　　　Sie（2人称敬称）　　rudern
　　　　　　　　　　　　ズィー
　　　　　　　　　　　　sie（3人称複数）
　　　　　　　　　　　　ズィー

6 sein, haben, werden の人称変化

→英語でも重要だから
ドイツ語でも重要

　これらの3つの動詞は，これからも頻繁に用いられるとても重要なもので，理屈なしでしっかり覚えてもらいたいものです。この3つの動詞の人称変化が口からなめらかに出てこない以上，ドイツ語のマスターは不可能です。

しっかり覚えておかないとあとで困る

sein (英 be) ザイン ‥である		haben (英 have) ハーベン 持っている		werden (英 become) ヴェーアデン ‥になる	
ich イヒ	bin ビン	ich	habe ハーベ	ich	werde ヴェーアデ
du ドゥー	bist ビスト	du	hast ハスト	du	wirst ヴィルスト
Sie ズィー	sind ズィント (敬称)	Sie	haben ハーベン	Sie	werden ヴェーアデン
er エア	ist イスト	er	hat ハット	er	wird ヴィルト
wir ヴィーア	sind ズィント	wir	haben ハーベン	wir	werden ヴェーアデン
ihr イーア	seid ザイト	ihr	habt ハープト	ihr	werdet ヴェーアデット
Sie ズィー	sind ズィント (敬称)	Sie	haben ハーベン	Sie	werden ヴェーアデン
sie ズィー	sind ズィント	sie	haben ハーベン	sie	werden ヴェーアデン

Sind Sie müde?
ズィント ズィー ミューデ
あなたは疲れていますか？

—— Ja, ich bin müde.
ヤー イヒ ビン ミューデ
はい，私は疲れています。

Haben Sie Hunger?
ハーベン ズィー フンガー
あなたはお腹がすいていますか？

—— Ja, ich habe Hunger.
ヤー イヒ ハーベ フンガー
はい，私はお腹がすいています。

Er wird müde.　　彼は疲れます。
エア ヴィルト ミューデ

動詞の人称変化 第1課

練習問題 1 （人称変化）

① 次の動詞を人称変化させて，下線部に書き入れなさい。

不定形	kochen 料理する	singen 歌う	trinken 飲む
	コッヘン	ズィンゲン	トリンケン
ich	_____	_____	_____
du	_____	_____	_____
Sie	_____	_____	_____
er	_____	_____	_____
wir	_____	_____	_____
ihr	_____	_____	_____
Sie	_____	_____	_____
sie	_____	_____	_____

敬称（Sie ～ Sie）

② 下線部に適当な人称語尾を書き入れ，訳しなさい。動詞の発音は，適当な語尾を付けた場合のものを示しています。

1) Er koch____ gern.
   コッホト　ゲルン

2) Sie（2人称・敬称）koch____ gut.
   コッヘン　グート

3) Er sing____ gern.
   ズィングト　ゲルン

4) Du sing____ gut.
   ズィングスト　グート

5) Sie（3人称・複数）trink____ Tee.
   トリンケン　テー

6) Ich trink____ gern Kaffee.
   トリンケ　ゲルン　カフェ

7) Er spiel____ immer Fußball.
   シュピールト　インマー　フースバル

8) Wir spiel____ gern Fußball.
   シュピーレン　ゲルン　フースバル

単語メモ

Fußball *der* サッカー　immer いつも　gern 喜んで（「‥するのが好きだ」と訳すと，自然な日本語になる場合が多いです）　gut 上手に　Kaffee *der* コーヒー　spielen（スポーツなどを）する　Tee *der* お茶

テキスト I —— Ich lerne Deutsch.

Ich lerne Deutsch.
イヒ レルネ ドイチュ
私は 学ぶ ドイツ語を

Du lernst auch[1] Deutsch.
ドゥー レルンスト アオホ ドイチュ
君は 学ぶ も ドイツ語を

Wir lernen Deutsch.
ヴィーア レルネン ドイチュ
私たちは 学ぶ ドイツ語を

Wir sind[2] fleißig.
ヴィーア ズィント フライスィヒ
私たちは である 勤勉

Peter trinkt[3] gern.
ペーター トリンクト ゲルン
ペーターは 飲む 喜んで

Renate trinkt auch.
レナーテ トリンクト アオホ
レナーテは 飲む も

Sie trinken immer zusammen.
ズィー トリンケン インマー ツザンメン
彼らは 飲む いつも いっしょに

Sie sind faul.
ズィント ファオル
彼らは である 怠けもの

ノート
1　**auch**　日本語では,「君も‥」のように,「も」は主語の直後に置かれますが, ドイツ語の「も」, すなわち auch はこのように文中に置かれます。
2　**sind**　英語の *are* に対応し, 動詞 sein の変化形です。
3　**trinkt**　trinken は目的語がない場合,「お酒を飲む」という意味になります。

20

Ich spiele Tennis.
イヒ シュピーレ テニス
私は する テニスを

Du spielst auch Tennis.
ドゥー シュピールスト アオホ テニス
君は する も テニスを

Wir spielen immer zusammen Tennis.
ヴィーア シュピーレン インマー ツザンメン テニス
私たちは する いつも いっしょに テニスを

Wir sind glücklich.
 ズィント グリュックリヒ
私たちは である 幸せ

私はドイツ語を学びます。

私はドイツ語を学びます。君もドイツ語を学びます。
私たちはドイツ語を学びます。
　私たちは勤勉です。

ペーターはお酒を飲むのが好きです。
レナーテもお酒を飲むのが好きです。
彼らはいつもいっしょにお酒を飲んでいます。
　彼らは怠けものです。

私はテニスをします。君もテニスをします。
私たちはいつもいっしょにテニスをします。
　私たちは幸せです。

コーヒーブレイク 1

「おまえ！」と「ねえ，あなた！」

　先日，テレビを見ていましたら，ドラマのなかで「『おまえ』『おまえ』とはなによ！」「『おまえ』を『おまえ』と呼んでなぜ悪い？」「『おまえ』に『おまえ』と呼ばれる筋合いは無いわ！」などと夫婦が口論をしておりました。喧嘩の原因は，『おまえ』という呼称（人称代名詞）なのです。

　人称代名詞は，特にドイツ語では基礎的な語なのですが，ドイツ語の人称代名詞と日本語のそれとを比べると，次のような相違に気がつきます。

① ドイツ語の人称代名詞の用い方は「相互型」であるのに対し，日本語のは「非相互型」である：すなわちドイツ語では，du で話しかける人からは同じく du で話しかけられ，Sie で話しかけられる人には同じく Sie で話しかけます。それに対して，日本語では，教師が学生に「君」と呼ぶからと言って，学生が教師を「君」と呼ぶことは原則的に許されませんね。相互的ではないわけです。

② 日本語が人称代名詞を"省略"する所でもドイツ語はやたらと人称代名詞を用いる：日本語での「映画に行くのか？」「イヤッ，時間がない」というような会話は，ドイツ語では，必ず人称代名詞を用いて，„Gehst **du** ins Kino?"　„Nein, **ich** habe keine Zeit." という，人称代名詞のある会話になります。

③ ドイツ語と比べ，日本語の人称代名詞は種類が多い：ドイツ語の人称代名詞，たとえば1人称単数は，何千年もの前から **ich** だけであるのに対し，日本語は「おれ，わたし，ぼく」などがあります。そして，日本語の各種の人称代名詞は，単に誰が話し手または聞き手であるかを指示するだけでなく，話し手や相手の地位・身分・年齢関係などを示すのです。

　冒頭の『おまえ』騒動は，この最後の点に関連しているもので，したがって非常に日本的な夫婦喧嘩であることになります。『おまえ！』と言われるのと，『ねえ，まみ！』などと言われるのではたしかに随分差があるでしょうね。

第2課

名詞の性

上例の，頭文字を大文字で書いたのが**名詞**，その前にあるのが**定冠詞**です。定冠詞の形が3つとも違いますね。この課では名詞と冠詞に関することを学びます。

1 名詞の頭文字

しつこく名詞は大文字で

ドイツ語の名詞のもっとも際立った特徴は，頭文字を文中でも常に大文字で書くということです。前課で **Ich lerne Deutsch**. と，Deutsch を大文字で書き始めたのも，Deutsch が名詞だからなのです。

2 名詞の「性」

→男性，女性，中性の3つ

ドイツ語の名詞の2番目の特徴は，どの名詞もかならず男性か女性か中性かのいずれかの**性**を1つ持つということです。それは，**Vater**「父」とか **Kuh**「雌牛」のような人や動物を表す名詞に限らず，物や概念を表す名詞にも**性**があるのです。たとえば **Tisch**「机」は**男性**，**Liebe**「愛」は**女性**，**Buch**「本」は**中性**という性を持っているのです。

今後，文法の説明のために，男性の名詞を**男性名詞**，女性の名詞を**女性名詞**，中性の名詞を**中性名詞**と呼ぶことにします。

男性名詞 ⇦	Vater	父	Brief	手紙
	ファーター		ブリーフ	
女性名詞 ⇦	Mutter	母	Rose	バラ
	ムッター		ローゼ	
中性名詞 ⇦	Kind	子ども	Buch	本
	キント		ブーフ	

子どもは男や女になる前だから中性

では，どの名詞がどの性を持つかということになりますが，Vater「父」とか Kuh「雌牛」のような，人や動物を表す名詞の場合，その生物上の性にほぼ従うのですが（Vater は「父」という意味だから「男性」，Kuh は「雌牛」という意味だから「女性」），物や概念を表す名詞の場合，残念ながら，その意味から「性」別を知ることができません。でも，名詞が性を持つなんておもしろくありませんか。物にも生命が宿っているという昔の思想の遺物ではないかと言われています。

3 名詞の性と冠詞

では，名詞の性は何のためにあるのでしょうか。これが重要になるのは名詞に冠詞を結び付ける場合で，名詞の性によって定冠詞（「その」；英 *the*）や不定冠詞（「ひとつの」；英 *a/an*）の形が異なるのです。それぞれどのような形になるかを表で示してみましょう。

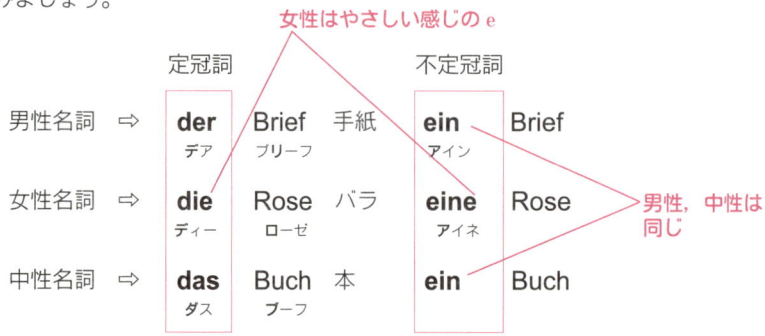

このように，名詞の「性」別に応じて冠詞の形が変わることを考えて，名詞を覚える場合，der Brief, die Rose, das Buch のように，定冠詞を付けて覚える習慣をつけてください。

Lektion drei

第3課

Track 6

名詞と冠詞の格変化

男性名詞の格変化

	定冠詞		
1格	**der** デア	Vater ファーター	父が
2格	**des** デス	Vaters ファータース	父の
3格	**dem** デム	Vater ファーター	父に
4格	**den** デン	Vater ファーター	父を

注意 sが付く

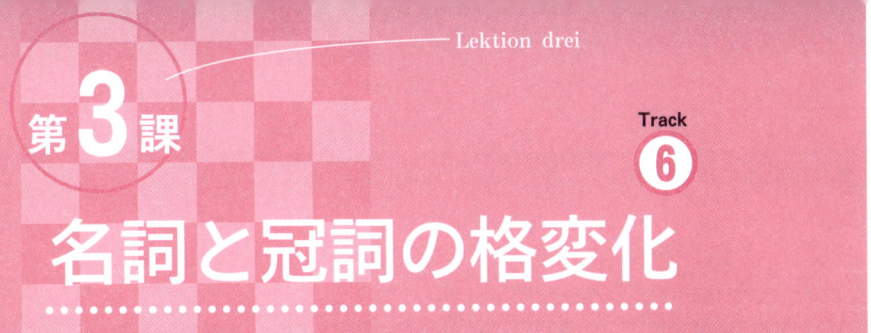

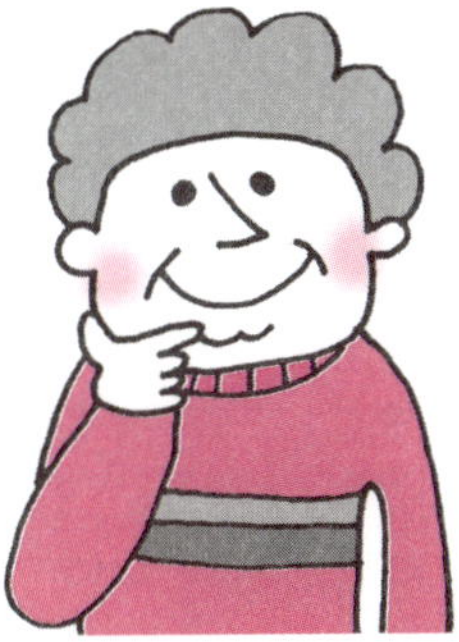

上例で，名詞の前の定冠詞（英 *the*；「その」）の形が少しずつ変わり，名詞も2格と書かれたところで末尾に **s** が付いていますね。この課では，「‥が」とか「‥を」とかいう**文中の役割**によって名詞や冠詞（英語の *the*と*a/an*）が形を変えることを学びます。

1 格の種類

文中における名詞の役割を**格**と呼びますが，ドイツ語の格は，**1格**，**2格**，**3格**，**4格**の4種類です。

これらは，意味的に日本語の格助詞「‥が，‥の，‥に，‥を」に対応します。ですから，名詞の形を見て，1格ならば「‥が」，2格ならば「‥の」，3格ならば「‥に」，4格ならば「‥を」と訳せばよいのです。

1格	**‥が／は**	→ 覚えるときは「は」を無視して「が，の，に，を」
2格	**‥の**	
3格	**‥に**	→ 英語の間接目的語
4格	**‥を**	→ 英語の直接目的語

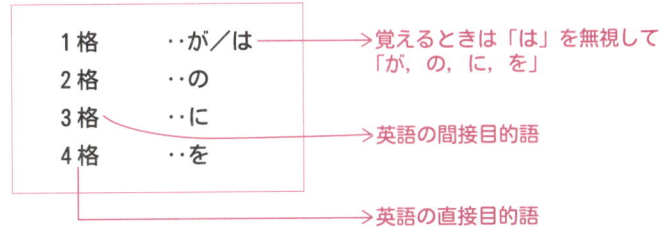

2 格の形

次に，ドイツ語の**名詞**と**定冠詞**がこの4つの格に応じて，どのように形を変えるのかをさらに具体的に見ることにしましょう。

男性名詞の場合は，すでに冒頭で Vater を例にして 4つの形を挙げました。名詞の方には 2格で **-s** が付いているだけですが，定冠詞が4つとも形が明らかに異なる点に注意してください。

では，**女性名詞**と**中性名詞**の場合は，どうでしょうか。似ているところもいくつかありますが，混乱しないようにしっかり学んでください。

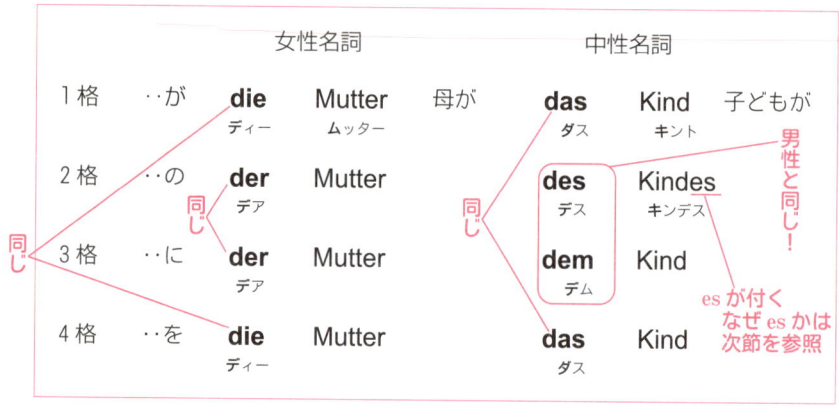

女性名詞の場合，名詞はまったく変化せず，定冠詞の場合は1格と4格，2格と3格が同じ形であることに注意してください。中性名詞の場合，名詞は2格で語尾が付き，定冠詞は1格と4格が同じ形であることに注意してください。このように，名詞および冠詞が格によって形を変えることを**格変化**と呼びます。

3 2格の格語尾

上例で明らかなように，**名詞自体**の格変化は，男性名詞と中性名詞の2格において **-s** か **-es** を付けるだけです。女性名詞が形を変えることはありません。2格語尾の **-s** と **-es** の使い分けは口調上の問題で，名詞の性とは関係がありません。おおざっぱに言えば，**1音節**の単語の場合には **-es** を，それ以上の音節の場合には **-s** を付けるのです。

名詞と冠詞の格変化　第3課

	1音節（母音が1つ）	2音節（母音が2つ）

男性名詞　des **Mann**es　男の　　　des **Vater**s　父の
　　　　　　デス　マンネス　　　　　　　　デス　ファータース

中性名詞　des **Kind**es　子どもの　　des **Zimmer**s　部屋の
　　　　　　デス　キンデス　　　　　　　　デス　ツィンマース

ただし，-s，-sch で終わる男性・中性名詞には，かならず -es を付けると覚えてください。

das Haus　家　　→　　des Haus**es**
ダス　ハオス　　　　　　　デス　ハオゼス

der Tisch　机　　→　　des Tisch**es**
デア　ティッシュ　　　　　デス　ティッシェス

＞ es の方が発音しやすいですね

4　定冠詞の格変化

　名詞自体の格変化はわずかであるのに対して，**定冠詞**は<u>はげしく形を変えています</u>ね。ですから，定冠詞は文中における名詞の格を知る上できわめて大切な働きをしているのです。念のために，定冠詞の格変化だけを取り出して，表にしてみましょう。何度も口に出して，しっかり暗唱してください。

＞ ドイツ語の基本の基本！
＞ 覚えておけば後がラクラク！
＞ 覚えないと後がつらい

	男性	女性	中性
1格	**der** デア	**die** ディー	**das** ダス
2格	**des** デス	**der** デア	**des** デス
3格	**dem** デム	**der** デア	**dem** デム
4格	**den** デン	**die** ディー	**das** ダス

der des dem den
die der der die
das des dem das

5 不定冠詞の格変化

定冠詞と対をなすのが**不定冠詞**（英 *a/an*；「一つの」）です。不定冠詞の格変化は，男性1格と中性1・4格に語尾がありません。他はすべて定冠詞の格変化と同じです。不定冠詞もきわめて重要ですので，口に出してしっかり暗唱してください。

ein＝d にして前ページの表と比べてみましょう

6 格の用法

最後に，格の**用法**を示すために，簡単な例を挙げましょう。2格の名詞は修飾する名詞の後ろに置かれることに注意してください。

〔1格〕**Der Mann** ist nett.　　　　その男性**は**親切です。

〔2格〕das Zimmer **des Kindes**　　その子ども**の**部屋（**des Kindes** が2格）

〔3格〕Wir danken **dem Mann**.　　私たちはその男性**に**感謝します。

〔4格〕Ich lobe **das Kind**.　　　　私はその子ども**を**ほめます。

名詞と冠詞の格変化　第3課

練習問題　2　（格変化）

1 次の名詞を格変化させなさい。

　　　　der Freund　友人　　die Rose　バラ　　das Buch　本
　　　　　フロイント　　　　　　ローゼ　　　　　　　ブーフ

2格　＿＿＿＿＿＿＿＿　　＿＿＿＿＿＿＿＿　　＿＿＿＿＿＿＿＿
3格　＿＿＿＿＿＿＿＿　　＿＿＿＿＿＿＿＿　　＿＿＿＿＿＿＿＿
4格　＿＿＿＿＿＿＿＿　　＿＿＿＿＿＿＿＿　　＿＿＿＿＿＿＿＿

　　　　ein Freund　　　　eine Rose　　　　ein Buch

2格　＿＿＿＿＿＿＿＿　　＿＿＿＿＿＿＿＿　　＿＿＿＿＿＿＿＿
3格　＿＿＿＿＿＿＿＿　　＿＿＿＿＿＿＿＿　　＿＿＿＿＿＿＿＿
4格　＿＿＿＿＿＿＿＿　　＿＿＿＿＿＿＿＿　　＿＿＿＿＿＿＿＿

2 下線部に格語尾を入れ，訳しなさい（ein__は不定冠詞，d__は定冠詞）。

1) D＿＿＿ Vogel fliegt schnell.
　　　　　フォーゲル　フリークト　シュネル

2) D＿＿＿ Mutter kocht gut.
　　　　　ムッター　コホト　グート

3) Ich suche ein＿＿＿ Brille.
　　ズーヘ　　　　　　　ブリレ

4) Er kauft ein＿＿＿ Buch.
　　カオフト　　　　　　ブーフ

5) Wir essen ein＿＿＿ Apfel.
　　　エッセン　　　　　　アップフェル

6) Er schenkt d＿＿＿ Mädchen ein＿＿＿ Rose.
　　　シェンクト　　　　メートヒェン　　　　ローゼ

単語メモ　（*der* は男性名詞，*die* は女性名詞，*das* は中性名詞）

Apfel *der* リンゴ　　Brille *die* メガネ　　Buch *das* 本　　essen 食べる　　fliegen 飛ぶ
gut 上手に　　kaufen 買う　　kochen 料理する　　Mädchen *das* 女の子　　Mutter *die* 母親
Rose *die* バラ　　schenken 贈る　　schnell 速く　　suchen 探す　　Vogel *der* 鳥

テキスト II —————————— Der Lehrer ist nett.

Der Lehrer ist nett.
デア レーラー イスト ネット
その 先生は だ 親切

Die Krawatte des Lehrers[1] ist alt.
ディー クラヴァッテ デス レーラース アルト
その ネクタイは その 先生の である 古い

Wir kaufen eine Krawatte.
ヴィーア カオフェン アイネ クラヴァッテ
私たちは 買う 一つの ネクタイを

Wir schenken dem Lehrer die Krawatte.
ヴィーア シェンケン デム レーラー ディー クラヴァッテ
私たちは 贈る その 先生に その ネクタイを

Wir mögen den Lehrer.
ヴィーア メーゲン デン レーラー
私たちは 好きだ その 先生を

Die Lehrerin ist nett.
ディー レーレリン イスト ネット
その 女性の先生は だ 親切

Das Halstuch[2] der Lehrerin[1] ist altmodisch.
ダス ハルストゥーフ デア アルトモーディッシュ
その スカーフは その 女性の先生の だ 流行遅れ

Wir kaufen ein Halstuch.
ヴィーア カオフェン アイン ハルストゥーフ
私たちは 買う 一つの スカーフを

ノート

1 **des Lehrers / der Lehrerin** ともに2格で、修飾する名詞の後ろに置きます。
2 **Halstuch** 男性名詞 der Hals「首」と中性名詞 das Tuch「布」を合成してできた名詞です。名詞を合成した場合、名詞全体の性は後ろの名詞の性に従います。したがって Halstuch は das Tuch の性に従って、中性名詞になります。

Wir	schenken	der	Lehrerin	das	Halstuch.
ヴィーア	シェンケン	デア	レーレリン	ダス	ハルストゥーフ
私たちは	贈る	その	女性の先生に	その	スカーフを

Wir	mögen	die	Lehrerin.
	メーゲン	ディー	レーレリン
私たちは	好きだ	その	女性の先生を

その先生は親切です

その先生は親切です。
その先生のネクタイは古いです。
私たちは一本のネクタイを買います。
私たちはその先生にそのネクタイを贈ります。
私たちはその先生が好きです。

その女性の先生は親切です。
その女性の先生のスカーフは流行遅れです。
私たちは一つのスカーフを買います。
私たちはその女性の先生にそのスカーフを贈ります。
私たちはその女性の先生が好きです。

第4課 不規則な人称変化

Lektion vier

Track 8

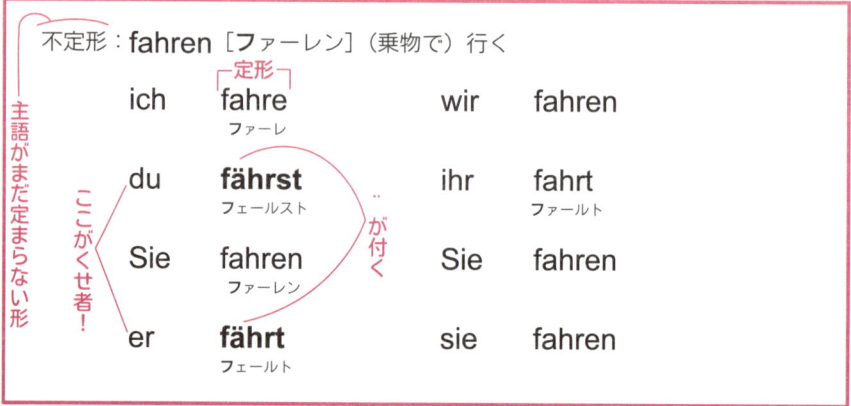

　上例の人称変化の du と er のところで、動詞の変化が少し異なっていますね（語幹がウムラウトしています）。大部分の動詞は第1課で説明したような変化をしますが、部分的に**不規則な変化**を示す動詞がわずかながらあるのです。そのような動詞に出会っても驚かないように、この課では動詞の不規則な人称変化を学びます。

1 口調上の e

→発音しやすくするために入れる e ［エー］

　まず、人称語尾の前に **e** を挿入する動詞です。語幹が **-d**, **-t** で終わる動詞は、語尾 **-st**, **-t** を直接結び付けにくいため、du に対する人称語尾は **-est**、er と ihr に対する人称語尾は **-et** というように、e を語尾と語幹の間に挿入します。これは発音をしやすくするための工夫と言えます。
　この e を**口調上の e** と呼びます。実例を見てみましょう。

不規則な人称変化 　第4課

語幹　語尾

finden フィンデン 見つける	ich	finde フィンデ	wir	finden
	du	**findest** フィンデスト	ihr	**findet**
	Sie	finden フィンデン	Sie	finden
	er	**findet** フィンデット	sie	finden

warten ヴァルテン 待つ	ich	warte ヴァルテ	wir	warten
	du	**wartest** ヴァルテスト	ihr	**wartet**
	Sie	warten ヴァルテン	Sie	warten
	er	**wartet** ヴァルテット	sie	warten

なお，不定形の語尾が -n で終わる動詞があることを述べましたが（17ページを参照），これらの動詞において語幹が **-el-** で終わる場合，<u>1人称単数において語幹の **e**</u> <u>が落ちることもここでついでに覚えてください。</u>

angeln アンゲルン 釣りをする	ich	**angle** アングレ	wir	angeln
	du	angelst アンゲルスト	ihr	angelt
	Sie	angeln アンゲルン	Sie	angeln
	er	angelt アンゲルト	sie	angeln

angele
ドイツ語は
アクセントのない e
の連続を嫌う

2 母音が変わる不規則変化

次に，母音が変わる不規則変化をする動詞です。しかし，不規則に変化するといっても，2・3人称単数において幹母音を変えるだけで，他の箇所は規則的に変化します。不規則変化は**ウムラウト・タイプ**と **i / ie- タイプ**の2つに分けることができます。

　　　　　　　　　　　　　　　　　　　　イータイプ

① **ウムラウト・タイプ**

このタイプは，冒頭に挙げた fahren のように，**a** が **ä** に変わるものです。

【類例】	schlafen	眠る	du	schläfst	er	schläft
	シュラーフェン			シュレーフスト		シュレーフト
	waschen	洗う	du	wäschst	er	wäscht
	ヴァッシェン			ヴェッシュスト		ヴェッシュト

Das Kind **schläft** fest.
ダス キント シュレーフト フェスト
その子どもはぐっすり眠っています。

Der Sohn **wäscht** das Auto.
デア ゾーン ヴェッシュト ダス アオトー
息子は車を洗います。

② **i / ie タイプ**

これは，幹母音 **e** が **i** あるいは **ie** に変わるものです。変化するのは2人称・3人称単数のみです。なかには一部子音も変化するものがあるので注意してください。

sprechen	ich	spreche	wir	sprechen
シュプレッヒェン		シュプレッヒェ		
話す	du	**sprichst**	ihr	sprecht
		シュプリヒスト		シュプレヒト
	Sie	sprechen	Sie	sprechen
		シュプレッヒェン		
	er	**spricht**	sie	sprechen
		シュプリヒト		

複数は規則的

e → i になっている

不規則な人称変化 第4課

【類例】	geben ゲーベン	与える	du	gibst ギープスト	er	gibt ギープト
	helfen ヘルフェン	助ける	du	hilfst ヒルフスト	er	hilft ヒルフト
	lesen レーゼン	読む	du	liest リースト	er	liest リースト
	sehen ゼーエン	見る	du	siehst ズィースト	er	sieht ズィート

3回以上発音してみると感じでわかるようになる

liesst ではなく liest になる

Die Mutter **spricht** laut.
ディー ムッター シュプリヒト ラオト
母親は大きな声で話します。

Der Vater **liest** die Zeitung.
デア ファーター リースト ディー ツァイトゥング
父親は新聞を読んでいます。

　なお，これらの動詞はどれも重要なものですから，巻末付録の「不規則動詞変化一覧表」を参照して，できるだけ多くの動詞を覚えるようにしてください。

→身近な動詞です！

第 5 課　前置詞の格支配

Lektion fünf

Track 9

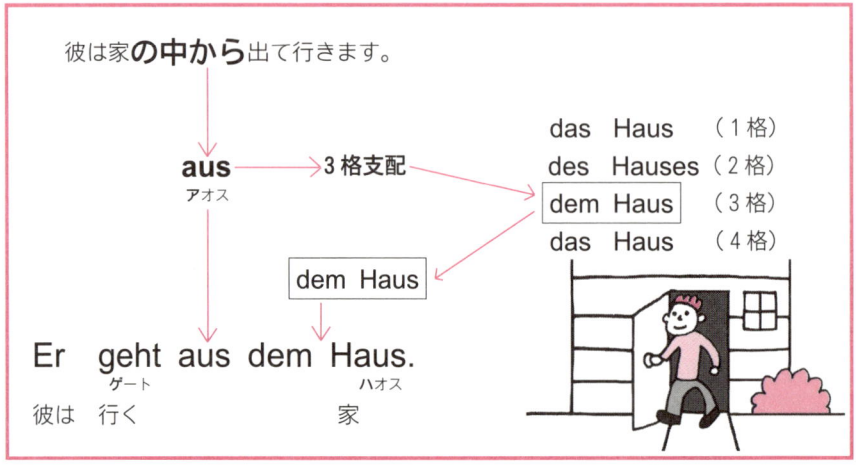

上例の **aus** が**前置詞**です。その後ろの名詞 Haus は dem Haus と 3 格になっています。前置詞は，かならず<u>特定の格の名詞と結び付きます</u>。この課では，どういう前置詞が何格の名詞と結び付くのかを学びます。

> 2，3，4 格のどの格を支配するか，つまり，やさしくいえば，どの格といっしょに使われるか

1 前置詞の格支配

　名詞が文中で「が，の，に，を」以外の関係，たとえば「‥から，‥へ，‥と」などの関係を表す場合，**前置詞**が用いられるのです。その場合，前置詞は，2 格か 3 格か 4 格かのいずれかの格の名詞と結び付きます。これを**前置詞の格支配**と呼びます。では，どのような前置詞がどの格の名詞と結び付くのかを学ぶことにしましょう。

前置詞の格支配 第 **5** 課

2　1つの格形と結び付く前置詞
（2格か3格か4格のどれか）

3 で扱う9つの前置詞を除けば，前置詞はすべて1つの格形とのみ結び付きます。格支配には次の3種類がありますが，一つひとつ順を追って実例を挙げてみましょう。

①　2格の名詞と結び付く前置詞

まず，はじめは2格の名詞と結び付く前置詞です。このような前置詞を **2格支配の前置詞** と呼びます。

außerhalb アオサーハルプ	‥の外側で	**innerhalb** インナーハルプ	‥の内側で
statt シュタット	‥の代わりに	**während** ヴェーレント	‥の間

Er wohnt **außerhalb** der Stadt.　　彼は郊外に住んでいます。
　　ヴォーント　　　　　　シュタット

Sie wohnen **innerhalb** der Stadt.　　彼らは町の中に住んでいます。
　　ヴォーネン

Während des Unterrichts schläft er immer.
　　　　　　　　ウンターリヒツ　シュレーフト　　　インマー
授業中彼はいつも眠っています。

②　3格の名詞と結び付く前置詞

次は，3格の名詞と結び付く前置詞です。このような前置詞を **3格支配の前置詞** と呼びます。なお，gegenüber は名詞の後ろによく置かれます。

aus アオス	‥の中から	**gegenüber** ゲーゲンユーバー	‥の向かいに
mit ミット	‥といっしょに／‥で	**nach** ナーハ	‥の後で／‥の方に
von フォン	‥から／‥の	**zu** ツー	‥へ

● 37

Er geht **aus** dem Zimmer.　　　彼は部屋の中から出て行きます。

Sie kommt **von** der Schule.　　　彼女は学校から戻って来ます。

Sie gehen **zu** einer Ausstellung.　　彼らは展覧会に行きます。

③　4格の名詞と結び付く前置詞

　最後は，4格の名詞と結び付く前置詞です。このような前置詞を **4格支配の前置詞** と呼びます。

durch	…を通って	**für**	…のために
ohne	…なしで	**um**	…の回りに／…時に

Er geht **durch** den Park.　　　彼は公園を通って行きます。

Er trinkt Kaffee **ohne** Zucker.　彼は砂糖を入れずにコーヒーを飲みます。

Er kommt heute **um** 8 Uhr.　　彼はきょう8時に来ます。

(Nach) dem Essen kocht er **für** den Gast Kaffee.
食後，彼は客のためにコーヒーをいれます。

――― 覚えてますか？　3格と結び付く前置詞

3　3格と4格を支配する前置詞

　前置詞は原則的に1つの格形と結び付くのですが，次の9つの前置詞は，用法によって3格と結び付いたり，4格と結び付いたりします。これらは **an**，**auf**，**hinter**，**in**，**neben**，**über**，**unter**，**vor**，**zwischen** ですが，どのような場合に3格が，あるいは4格が用いられるかは次のように決まっています。

　動作の行われる（あるいはある状態が続いている）**位置**「どこそこ**で**」を表すとき

前置詞の格支配　第5課

には3格を支配し，動作によって人やものが移動して行く**方向**「どこそこ**へ**」を表すときには4格を支配するのです。前置詞の in で具体例を挙げてみましょう。

3格＝‥の中で　　　　　　　　　4格＝‥の中へ

Ein Mädchen spielt in **dem** Garten.
メートヒェン　シュピールト　　　　　ガルテン
女の子が庭で遊んでいます。

Ein Junge geht in **den** Garten.
ユンゲ　ゲート　　　　ガルテン
男の子が庭の中へ入って行きます。

これらの前置詞を一覧表にしてみましょう。

	3格支配	4格支配		3格支配	4格支配
an アン	‥のきわで	‥のきわへ	**auf** アオフ	‥の上で	‥の上へ
hinter ヒンター	‥の後ろで	‥の後ろへ	**in** イン	‥の中で	‥の中へ
neben ネーベン	‥の横で	‥の横へ	**über** ユーバー	‥の上方で	‥の上方へ
unter ウンター	‥の下で	‥の下へ	**vor** フォーア	‥の前で	‥の前へ
zwischen ツヴィッシェン	‥の間で	‥の間へ			

4 前置詞と定冠詞の融合形

定冠詞が用いられる場合でも，名詞の表す人やものを「その‥」と，特に強く指示する必要のない場合，前置詞は定冠詞と融合し，次のような形になります。

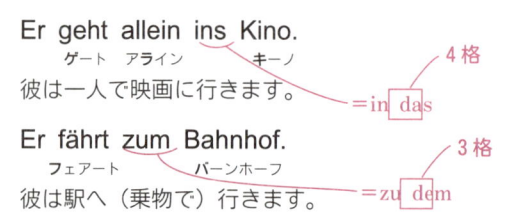

□を省略

am < an dem	**ans** < an das	**beim** < bei dem
アム	アンス	バイム
vom < von dem	**zum** < zu dem	**zur** < zu der
フォム	ツム	ツーア

Er geht allein ins Kino.
　　ゲート　アライン　　キーノ
彼は一人で映画に行きます。　＝in das　4格

Er fährt zum Bahnhof.
　　フェアート　　バーンホーフ
彼は駅へ（乗物で）行きます。　＝zu dem　3格

5 動詞の前置詞支配

前置詞には，以上のような独立した意味を持つ用法の他に，英語の *look at* ... の *look* と *at* の関係のように，前置詞の使用が動詞によって規定されることがあります。たとえば，「思う，考える」という意味の動詞 denken を用いて，「‥のことを思う」ということを表す場合，動詞 denken は前置詞 an と結び付きます。このように，動詞が特定の前置詞と結び付くこと（要求すること）を**動詞の前置詞支配**と呼びます。

denken
思う

Er denkt an die Mutter.
　　デンクト　　　ムッター
彼は母親のことを思う。

辞書で denken を引くと
[an + 4格]（‥4のことを）思う
と出ている

4格

前置詞の格支配　第5課

練習問題 3 （前置詞）

1 下線部に適当な格語尾を入れ，訳しなさい。

1) Er tanzt mit ein____ Studentin.

2) Nach d____ Essen geht er aus d____ Haus.

3) Die Kirche liegt d____ Park gegenüber.　←名詞の後ろに置かれる前置詞

4) Er kauft ein Haus außerhalb d____ Stadt.

5) Wir sitzen um ein____ Tisch.

2 下線部に，3格か4格かに注意し，適当な格語尾を入れなさい。

1) Er steht vor d____ Kirche.

2) Ich gehe hinter ein____ Baum.

3) Er legt das Buch auf ein____ Tisch.

4) Wir sitzen neben d____ Lehrer.

5) Sie steht an d____ Tür.

単語メモ

Baum *der* 木　　Buch *das* 本　　Essen *das* 食事　　gehen 行く　　Haus *das* 家
kaufen 買う　　Kirche *die* 教会　　legen 横にして置く　　Lehrer *der* 先生　　liegen ある
Park *der* 公園　　sitzen 座っている　　Stadt *die* 町　　stehen 立っている　　Studentin *die*
女子学生　　tanzen 踊る　　Tisch *der* 机　　Tür *die* ドア

テキスト Ⅲ ──────────────── Wo bist du ?

〉会話のシチュエーション〈

子どもが母親を探し，しつこく質問する会話です。

Kind　　：Wo bist du ?

Mutter：Ich bin in der¹ Küche.

Kind　　：Was machst du ?

Mutter：Ich koche das Essen.

Kind　　：Und ?

Mutter：Ich nehme das Geschirr aus dem Schrank.

　　　　　Wo bist du ?

Kind　　：Ich sitze unter dem² Tisch.

Mutter：Was machst du ?

Kind　　：Ich spiele mit einer Puppe.

ノート

1　**in der**　in は 3・4 格支配の前置詞です。「‥にいる」と，存在場所を表すのに用いられているため，3 格になっています。Küche は女性名詞なので，in der になっています。
2　**unter dem**　unter は 3・4 格支配の前置詞です。「‥にいる」と，存在場所を表すのに用いられているため，3 格になっています。Tisch は男性名詞なので，unter dem になっています。

どこにいるの？

子ども： どこにいるの？
母　親： キッチンよ。
子ども： 何してるの？
母　親： 食事を料理しているの。
子ども： そして？
母　親： 食器を食器棚から取り出すところよ。
　　　　 あんたはどこにいるの？
子ども： テーブルの下で座っているよ。
母　親： あんたは何をしているの？
子ども： 人形と遊んでんだよ。

単語メモ

aus	‥から	nehmen	取り出す
bin	< sein	Puppe *die*	人形
bist	< sein	Schrank *der*	食器棚
Essen *das*	食事	sein	‥にいる
Geschirr *das*	食器	sitzen	座っている
in	‥の中	spielen	遊ぶ
Kind *das*	子ども	Tisch *der*	テーブル
kochen	料理する	und	そして
Küche *die*	キッチン	unter	‥の下
machen	‥をする	was	何を
mit	‥といっしょに	wo	どこ
Mutter *die*	母親		

第6課 語順

Track ⑪

彼女は	□□	きょう	ハンスと	映画に	行きます。
sie		heute	mit Hans	ins Kino	gehen
Sie	geht	heute	mit Hans	ins Kino.	2番目の位置に移します
	ゲート	ホイテ	ミット	インス キーノ	

上例の日本語の文とドイツ語の文の**語順**は，動詞の位置を除き，きわめて似ていますね。ですから，ドイツ語の語順を考える時には日本語を基にして考えるのが一番なのです。この課では，ドイツ語の語順を学びます。

1 平叙文の語順

はじめはまず，「‥する」とか「‥だ」というような普通の文，すなわち**平叙文**の語順から説明しましょう。ドイツ語の平叙文の語順と日本語の平叙文の語順の違いは，動詞の位置だけです。したがって，ドイツ語の平叙文を作るには，冒頭に図示したように，まずドイツ語の語句を日本語の場合と同じ順序で並べ，最後にくる動詞（gehen）を定形（geht）にし，文頭から二番目の位置に移せばよいのです。これを**定形第2位**の原則と呼びます。

ここで少し注意して欲しいのが文頭の語句です。日本語では**文頭**にいろいろな語句を置くことができますが，ドイツ語でもそれは同じです。主語を文頭に置くとは決まっていないのです。したがって文脈次第では，上の例文も次のようになることがあります。

定形は文の2番目と決まっている

Heute geht sie mit Hans ins Kino.
 ホイテ　ゲート　　　　　　　　　　キーノ
きょう彼女はハンスと映画に行きます。

第6課 語順

ひとかたまりで考えると定形は2番目

Mit Hans geht sie heute ins Kino.
　　　　　ゲート　　　　ホイテ　　　　キーノ

ハンスといっしょに彼女はきょう映画に行きます。

　これらもドイツ語としては正しい文なのです。定形の動詞の位置（第2位）のみが文法的に決まっているのです。

2 疑問文の語順

　　　　　　　　　　　　英 *yes*　　　　　　　　　英 *no*

　疑問文には，答えとして ja［ヤー］「はい」か nein［ナイン］「いいえ」かを問う**決定疑問文**と，wer［ヴェーア］「誰が？」とか wann［ヴァン］「いつ？」とかの疑問詞による**補足疑問文**の2種類がありますが，これらは次のようにして作ります。どちらの場合も，英語の *do* にあたるような助動詞は用いません。

　決定疑問文は，語句を日本語と同じ順序で並べ，最後にくる動詞を**文頭**に置いて作ります。

□□□	彼女は	きょう	映画に	行きます	か
	sie	heute	ins Kino	gehen	?
Geht	sie	heute	ins Kino	文頭に	?
ゲート		ホイテ	インス キーノ		

　補足疑問文は，語句を日本語と同じ順序で並べ，疑問詞を**文頭**に，最後にくる動詞を**第2位**に置いて作ります。

□□□	□□□	彼女は	どこに	きょう	行きます	か
		sie	wohin	heute	gehen	?
Wohin	geht	sie		heute		?
ヴォヒン	ゲート			ホイテ		

疑問詞は文頭

3 疑問詞

　最後に，補足疑問文を作る疑問詞をいくつか挙げることにしましょう。はじめに，場所や時，理由などを尋ねる**副詞的な**疑問詞です。

● 45

> 英語と同じくwで始まる

wann ヴァン	いつ	**warum** ヴァルム	なぜ	**wie** ヴィー	どのように
wo ヴォー	どこで	**wohin** ヴォヒン	どこへ	**woher** ヴォヘーア	どこから

文頭

Wohin geht er？　彼はどこに行くのですか？
ヴォヒン　ゲート

── Er geht zum Bahnhof.　彼は駅に行くのです。
　　　　　　ツム　バーンホーフ

次に，人とものについて尋ねる**代名詞的な疑問詞**で，これには wer［ヴェーア］「誰」と was［ヴァス］「何」の2つがあります。これらは下表のように格変化します。

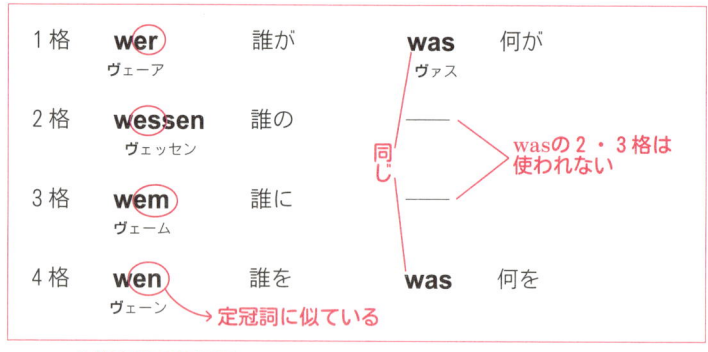

1格	**wer** ヴェーア	誰が	**was** ヴァス	何が
2格	**wessen** ヴェッセン	誰の	──	
3格	**wem** ヴェーム	誰に	──	
4格	**wen** ヴェーン	誰を	**was**	何を

同じ　wasの2・3格は使われない

→ 定冠詞に似ている

→ 3格支配の前置詞

Mit **wem** geht er ins Kino？
　　ヴェーム　ゲート　　　キーノ
誰といっしょに彼は映画に行きますか。

── Mit Hans geht er ins Kino.
　　　　　ハンス
　　ハンスといっしょに彼は映画に行きます。

Was studierst du？　何を君は大学で学んでいるのですか。
ヴァス　シュトゥディーアスト

── Ich studiere Musik.　私は音楽を大学で学んでいます。
　　　　シュトゥディーレ　ムズィーク

コーヒーブレイク 2

動物の「性」と鳴き方

☆ ドイツ語の動物名がどのような「性」を持つのかを見てみましょう。ついでに，鳴き方と鳴き方を表す動詞も挙げます。

動物名	鳴き方	鳴き方（動詞）
der Hahn ハーン おんどり	kikeriki キケリキー	Der Hahn **kräht**. クレート おんどりが鋭い声で鳴く。
der Hund フント 犬	wau, wau ヴァオ	Der Hund **bellt**. ベルト 犬がワンワンほえる。
der Frosch フロッシュ カエル	quak, quak クヴァーク	Der Frosch **quakt**. クヴァークト カエルがケロケロと鳴く。
die Katze カッツェ 猫	miau, miau ミアオ	Die Katze **miaut**. ミアオト 猫がニャーニャー鳴く。
die Kuh クー 雌牛	muh, muh ムー	Die Kuh **muht**. ムート 雌牛がモーと鳴く。
die Biene ビーネ みつばち	summ, summ ズュム	Die Biene **summt**. ズュムト みつばちがブンブンと音をたてる。
das Schwein シュヴァイン 豚	grunz, grunz グルンツ	Das Schwein **grunzt**. グルンツト 豚がブーブーと鳴く。
das Schaf シャーフ 羊	mäh, mäh メー	Das Schaf **blökt**. ブレークト 羊がメーと鳴く。

第7課 並列接続詞と従属接続詞

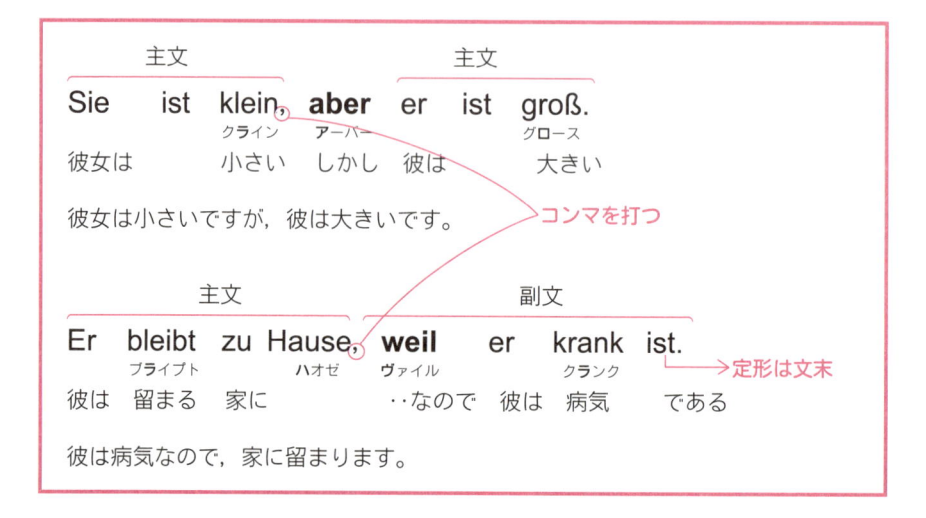

Lektion sieben
Track ⑬

```
         主文              主文
Sie  ist  klein,  aber  er  ist  groß.
          クライン  アーバー        グロース
彼女は    小さい    しかし  彼は      大きい
```
彼女は小さいですが，彼は大きいです。　← コンマを打つ

```
          主文                      副文
Er  bleibt  zu  Hause,  weil  er  krank  ist.
    ブライブト     ハオゼ   ヴァイル       クランク
彼は  留まる   家に      ‥なので  彼は  病気    である
```
→ 定形は文末

彼は病気なので，家に留まります。

　文には**主文**と**副文**があります。主文はそれだけで独立している文で，副文は主文に従属している文です。**aber**［アーバー］（英 *but*）「しかし」のように主文と主文（あるいは語句と語句）を結び付ける接続詞を**並列接続詞**と呼び，**weil**［ヴァイル］（英 *because*）「‥なので」のように主文に副文を接続させる接続詞を**従属接続詞**と呼びます。この課では，接続詞を学びます。

1 並列接続詞

　主文と主文あるいは語句と語句を結び付ける**並列接続詞**には，aber 以外に，次のものがあります。**2** の従属接続詞と異なる点は文と文を結び付けるときの動詞の位置ですので，動詞の位置に注意しながら，例文を読んでください。

48

並列接続詞と従属接続詞　第7課

denn　‥というのは

　　　　　　　　　　　　　　文頭　　　第2位

Ich bleibe zu Hause, **denn** *ich bin krank*.
　　ブライベ　　ハオゼ　　デン　　　　　　クランク
私は家に留まります。というのは，病気なのです。

oder　‥かあるいは～

Ich gehe heute **oder** *morgen zum Arzt*.
　　ゲーエ　ホイテ　オーダー　モルゲン　ツム　アールツト
私は今日か明日医者のところに行きます。

(nicht ...,) sondern　‥でなく，～

Wir gehen **nicht** *ins Kino* **sondern** *ins Konzert*.
　　ゲーエン　ニヒト　　キーノ　　ゾンダーン　　コンツェルト
私たちは映画ではなく，コンサートに行きます。

und　そして

　　　　　2人→複数の格変化

Sie **und** *er gehen heute ins Kino*.
　　　　ウント　ゲーエン　　　　キーノ
彼女と彼は今日映画に行きます。

weder ... noch　‥でもなく，～でもない

Sie ist **weder** *reich* **noch** *schön*.
　　　　　ヴェーダー　ライヒ　ノホ　シェーン
彼女は金持ちでもなければ，美しくもありません。

● 49

2 従属接続詞

従属接続詞は副文を導き，主文に従属させるものです。主な従属接続詞として，次のものがあります。

als アルス	‥した時に	**bevor** ベフォーア	‥する前に
da ダー	‥なので	**damit** ダミット	‥するために
dass ダス	‥ということ	**nachdem** ナーハデーム	‥した後で
ob オップ	‥かどうか	**obwohl** オブヴォール	‥にもかかわらず
während ヴェーレント	‥している間に	**weil** ヴァイル	‥なので
wenn ヴェン	もし‥ならば		

　従属接続詞を用いる場合，まず注意しなければならないことは，<u>従属接続詞がかならず文頭</u>に置かれるということです。次に注意しなければならないことは，その副文内の**語順**です。すなわち，従属接続詞によって導かれる副文では，定形の動詞が，<u>日本語と同じように</u>，**末尾**に置かれるのです。念のため，48ページの例文でこの関係を図示してみましょう。

　　　…,　**weil**　　er　　krank　　ist.　　　末尾！
　　　　　ヴァイル　　クランク　イスト
　　　　‥なので　彼が　　病気　　です　──── 日本語と同じ語順

もうひとつ接続詞 weil の例を見てみましょう。

Wir gehen ins Restaurant, **weil** *wir Hunger haben*.
　　　ゲーエン　　レストラーン　ヴァイル　　フンガー　ハーベン
私たちは空腹なので，レストランに行きます。

並列接続詞と従属接続詞　第7課

　副文の中の語順が日本語と同じであることを確認したところで，別の接続詞の例を見てみましょう。

Ich weiß, *dass er Anke liebt*. ←副文の中の定形は後置（文末）
　　　　　　　　　　　　　　　
私は，彼がアンケを愛していることを知っています。

Sie liest, *während er in der Küche kocht*. ←末尾
彼女は，彼がキッチンで料理をしている間，本を読んでいます。

Was machst du, *wenn du mehr Geld hast*? ←末尾
君はお金がもっとあったら，何をしますか。

　なお，副文を主文の前に置く場合，主文の定形の動詞は副文の直後に置かれることにも注意してください。副文，コンマ，定形の動詞という順序になります。

Bevor er zur Arbeit geht, bringt er das Kind in den Kindergarten.
　　　　　　　　　　　　　　コンマ
　副文＝1つの要素　　　　　副文全体をひとまとまりと考えると定形は第2位！
彼は仕事に行く前に子どもを幼稚園に連れて行きます。

Da ich krank bin, bleibe ich zu Hause.
病気なので，私は家に留まります。

テキスト IV — Der Löwe

Der Löwe schläft am Tag[1] sehr viel, er schläft oft vom Sonnenaufgang bis zum[2] Sonnenuntergang.

Aber er ist nicht faul. Er schläft zwar am Tag lange, aber nicht weil er faul ist.

Der Löwe ist ein Nachttier. Wenn der Abend kommt, wird er munter und beginnt mit der Jagd.

Er läuft[3] und läuft, bis er total erschöpft ist.

Deswegen schläft er am Tag.

ノート

1 **am Tag** der Tag には「一日」という意味と「昼間」という意味がありますが，ここでは「昼間」という意味で用いられています。

2 **bis zum ...** 前置詞 bis はしばしば，他の前置詞の前に置かれ，限界点を強調するのに用いられます：「‥まで」
  vom Morgen **bis** zum Abend　朝から夕方まで

3 **läuft und läuft** 動詞の表す行為を強めたい場合，動詞を und で結び付けて用いることがあります。
  Er arbeitet **und** arbeitet.　彼は働きに働きます。

ライオン

　ライオンは昼間とてもよく眠ります。しばしば，日の出から日の入りまで眠ります。

　しかしライオンは怠けものではありません。昼間はたしかに長い間眠りますが，それはライオンが怠けものであるからではないのです。

　ライオンは夜行性の動物なのです。夕方になると，ライオンは元気になり，猟を始めます。

　まったく疲れきるまで，ライオンは走って走って走りまくるのです。そのために，ライオンは昼間眠っているのです。

単語メモ

am	(< an dem)‥に	schlafen	眠る
beginnen《mit と共に》	‥を始める	schläft	< schlafen
bis	‥まで	sehr	とても
deswegen	そのために	Tag der	昼間
erschöpft	疲れきって	total	まったく
faul	怠けもので	viel	たくさん
Jagd die	狩り	vom	< von dem
kommen	来る	von	‥から
laufen	走る	weil	‥なので
läuft	< laufen	werden	‥になる
Löwe der	ライオン	wird	< werden
Nachttier das	夜行性動物	zu	‥に
(Nacht die　夜, Tier das	動物)	zum	< zu dem
nicht	‥でない(139ページを参照)	zwar ..., aber ...	たしかに‥だが‥
oft	しばしば		

第8課 — Lektion acht

名詞の複数形

Track 15

a. Da steht ein Haus.
   ダー シュテート　　　　ハオス
   そこに 立っている 一軒の 家が

   そこに一軒の家が建っています。

b. Da stehen zwei Häuser.
   　　シュテーエン ツヴァイ ホイザー
   そこに 立っている 二軒の 家が

   そこに二軒の家が建っています。

上例の a 文の **Haus** が b 文では **Häuser** と形が変わっていますね。ドイツ語の名詞は１つのものを表す場合と <u>２つ以上のものを表す場合</u>とで形が変わるのです。この課では，２つ以上のものを表す場合の形，すなわち**複数形の作り方**を学びます。

1 複数形

名詞は，表すものの数が１つか２つ以上かによって形を変えます。１つのものを指す場合の名詞の形を**単数形**，２つ以上のものを指す名詞の形を**複数形**と呼びます。みなさんが今までに学んできた名詞の形は単数形です。複数形の作り方には，なにも付けない場合も含めて，5 種類あります。では，複数形の作り方を学ぶことにしましょう。

2 5 種類の複数形

① まず，第１グループは単数形と複数形が**同形**のものです。一部の名詞は<u>ウムラウト</u>をすることがあるので，注意してください。

ä, ö, ü

名詞の複数形　第8課

複数の定冠詞は男性，女性，中性に関係なく全部 die

無語尾式

der	Lehrer レーラー	教師	die	Lehrer
das	Fenster フェンスター	窓	die	Fenster
der	Vater ファーター	父	die	Väter フェーター
der	Bruder ブルーダー	兄(弟)	die	Brüder ブリューダー

→女性名詞は母と娘だけ
Mutter → Mütter
Tochter → Töchter

ここだけ違う

② 第2グループは，単数形に -er を付けて複数形を作るものです。ウムラウトの可能な母音 a, o, u, au を含む名詞の場合，かならずウムラウトをします。1音節の中性名詞は大部分このグループに入ります。

-er 式

das	Kind キント	子ども	die	Kinder キンダー
das	Buch ブーフ	本	die	Bücher ビューヒャー
das	Haus ハオス	家	die	Häuser ホイザー
der	Mann マン	男	die	Männer メンナー

a, o, u は必ず ä, ö, ü に
(変 er 式) カエル

女性名詞は1つもない

必ずウムラウト

③ 第3グループは，単数形に -e を付けて複数形を作るものです。一部の名詞はウムラウトをするので，注意してください。1音節の男性名詞は大部分このグループに入ります。

-e 式

der	Freund フロイント	友人	die	Freunde フロインデ
das	Schiff シフ	船	die	Schiffe シッフェ
der	Sohn ゾーン	息子	die	Söhne ゼーネ
die	Nacht ナハト	夜	die	Nächte ネヒテ

ウムラウト

④ 第4グループは，単数に -en あるいは -n を付けて複数形を作るものです。女性名詞の多くがこのグループに入ります。

-[e]n式					
	die	Frau フラオ	女性 ——	die	Frauen フラオエン
	die	Uhr ウーア	時計 ——	die	Uhren ウーレン
	die	Dame ダーメ	婦人 ——	die	Damen ダーメン
	die	Katze カッツェ	猫 ——	die	Katzen カッツェン

絶対に変音しない（変 en 式）

単数に e がついているのでダブらせない

⑤ 以上の4つの種類の他に，外来語の場合に限られるのですが，-s を付けて複数形を作るものがわずかながらあります。これらを s 式と名付けます。いくつか例を挙げてみましょう。

-s式					
	das	Auto アオトー	自動車 ——	die	Autos
	das	Hotel ホテル	ホテル ——	die	Hotels

では，どの名詞が何式の複数形を作るかですが，原則的には辞書によってしか知る方法がないのです。したがって，こまめに辞書を引き，一つひとつの単語の複数形をしっかり覚えることがドイツ語に強くなるなによりの方法ということになります。実際に辞書でどのように表示されているかを，代表的な例に限ってみることにしましょう。

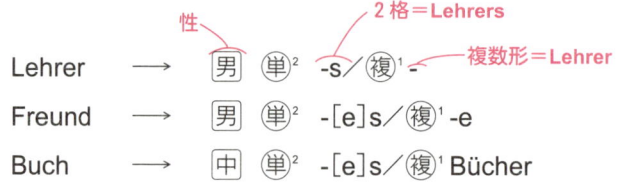

性 *2格＝Lehrers* *複数形＝Lehrer*

Lehrer → 男 単² -s／複¹ -
Freund → 男 単² -[e]s／複¹ -e
Buch → 中 単² -[e]s／複¹ Bücher

名詞の複数形 第8課

3 複数の格変化

　複数における**格変化**は，単数の場合よりもきわめて単純です。まず，複数において変化する冠詞は定冠詞のみです。不定冠詞は，「ある本」とか「ある子ども」とかいうように特定できない単数のものを表す場合に用いられますが，特定できない複数のものを表す場合は，冠詞を付けず，名詞の複数形だけを用います。

　　Ich lese sehr gern Bücher.　　　私は本を読むのが好きです。
　　　　レーゼ　ゼーア　ゲルン　ビューヒャー

　　Haben Sie Geschwister？　　　　きょうだいはいますか。
　　　ハーベン　　　　ゲシュヴィスター

　定冠詞の複数形は，<u>男性・女性・中性の区別なく</u>，次のような一つの変化しかありません。

		男性・女性・中性	
複数	1格	**die**	［ディー］
	2格	**der**	［デア］
	3格	**den**	［デン］
	4格	**die**	［ディー］

　　　　　　　　　　　　　　　　女性は die, der, der, die
　　　　　　　　　　　　　　　　　　　ここが違う

　名詞も，男性・女性・中性の区別なく，<u>3格に語尾 -n</u> を付けるだけです。なお，複数1格形がすでに -n あるいは -s で終わっている場合にはなにも付けません。

			教師	本	婦人	自動車
複数	1格	die	Lehrer	Bücher	Damen	Autos
			レーラー	ビューヒャー	ダーメン	アオトース
	2格	der	Lehrer	Bücher	Damen	Autos
	3格	den	Lehrer**n**	Bücher**n**	Damen	Autos
			レーラーン	ビューヒャーン		
	4格	die	Lehrer	Bücher	Damen	Autos

ここだけ違う

-n -s が付くと全部同じ

● 57

4 男性弱変化名詞

→変化が弱い→変化しない

人間や動物に関係したものが多い

　単数・複数の名詞と冠詞の格変化を学んだところで，例外的な格変化をする男性名詞について触れてみましょう。ほんのわずかなのですが，2格で格語尾 -en をとり，3格以降もすべて -en になる名詞があります。これらは**男性弱変化名詞**と呼ばれます。

			学生	人間
単数	1格	der	Student シュトゥデント	Mensch メンシュ
	2格	des	Studenten シュトゥデンテン	Menschen メンシェン
	3格	dem	Studenten	Menschen
	4格	den	Studenten	Menschen
複数	1格	die	Studenten	Menschen
	2格	der	Studenten	Menschen
	3格	den	Studenten	Menschen
	4格	die	Studenten	Menschen

違うのはここだけ

コーヒーブレイク 3

指を使った数の数え方

　ドイツ人は指で数を数えるとき，まず手を握り，そして親指から手を広げて1，人指し指を広げて2，中指を広げて3，薬指を広げて4，最後に小指をのばして5と数えます。6から10までは，もう一方の手ではじめと同じようにして数えます。

名詞の複数形　第8課

練習問題 4　（複数形）

1 次の名詞を複数形にし，格変化させなさい。

　　　　　der Freund　友人　　　die Uhr　時計
　　　　　　フロイント　　　　　　　ウーア
　　　　　　　　　　　複数形 -e　　　　　　　複数形 -en

複数　1格　_____　_____
　　　2格　_____　_____
　　　3格　_____　_____
　　　4格　_____　_____

　　　　　das Kind　子ども　　　das Hotel　ホテル
　　　　　　キント　　　　　　　　ホテル
　　　　　　　　　　複数形 -er　　　　　　　複数形 -s

複数　1格　_____　_____
　　　2格　_____　_____
　　　3格　_____　_____
　　　4格　_____　_____

2 カッコ内の名詞を複数形にし，訳しなさい（4）の場合は2格）。

1) Der Vater liebt (das Kind).
　　ファーター　リープト　　　　キント　　　　リンゴ（< Apfel）

2) Ich gebe (der Student) Äpfel.
　　　　　ゲーベ　　　シュトゥデント　エップフェル
　　　　　　　　　　　　　　　　　　　　　　　　ウムラウトするよ！
　　　　　　　　　　　　　　　　　　　　　　　　（無語尾式）

3) (Der Vogel) singen im Wald.
　　　フォーゲル　ズィンゲン　　　ヴァルト

4) Der Vater (das Kind) ist reich.
　　　　　　　　　　キント　　　ライヒ

単語メモ

Apfel *der* リンゴ（無語尾式；ウムラウト）　　geben 与える　　Kind *das* 子ども（-er式）
lieben 愛する　　reich 金持ちの　　singen 歌う　　Student *der* 学生（男性弱変化名詞）
Vater *der* 父親　　Vogel *der* 鳥（無語尾式；ウムラウト）　　Wald *der* 森

Lektion neun

第9課 冠詞類の格変化

Track ⑯

---

mein Freund	**meine** Frau	**mein** Haus
マイン　フロイント	マイネ　フラオ	マイン　ハオス
私の友人	私の妻	私の家

　上例で名詞の前に置かれ,「私の」を意味する mein, meine, mein が不定冠詞 ein に似ていることに気付きましたか。この課では, **冠詞に準ずる語**の格変化を学びます。

1　2種類の冠詞類　　単数, 複数

　冠詞と同じように, 名詞の性, 数, 格によって語尾を変える語（たとえば上例の mein「私の」など）を総称して**冠詞類**と呼びます。これらの変化の仕方には**定冠詞**に準ずるものと**不定冠詞**に準ずるものの2種類があります。

　　　　　　　　　　　　　　　der, die, das
　　　　　　　ein, eine, ein
　　　　　　　　　定冠詞に準ずるもの
　冠詞類
　　　　　　　　　不定冠詞に準ずるもの

2　定冠詞類の格変化　　dieser 型ともいう
　　　　　　　　　　　　der

　冠詞類のうち, 定冠詞に準ずる変化をするものを**定冠詞類**と呼びます。これには, **dieser**［ディーザー］「この‥」, **welcher**［ヴェルヒャー］「どの‥？」, **jeder**［イェーダー］「どの‥も」などがあります。なお, 最後の jeder は, 単数形のみで, 複数形の格変化はありません。まず, **dieser** と **welcher** の格変化をしっかり学びましょう。

冠詞類の格変化 第9課

	男性	女性	中性	複数
1格	dies**er** ディーザー	dies**e** ディーゼ	dies**es** ディーゼス	dies**e**
2格	dies**es** ディーゼス	dies**er** ディーザー	dies**es**	dies**er**
3格	dies**em** ディーゼム	dies**er**	dies**em**	dies**en**
4格	dies**en** ディーゼン	dies**e**	dies**es**	dies**e**

定冠詞の変化と比べてみよう

（女性1格 die、中性1格 das、複数1格 die、女性4格 die、中性4格 das、複数4格 die）

	男性	女性	中性	複数
1格	welch**er** ヴェルヒャー	welch**e** ヴェルヒェ	welch**es** ヴェルヒェス	welch**e**
2格	welch**es** ヴェルヒェス	welch**er** ヴェルヒャー	welch**es**	welch**er**
3格	welch**em** ヴェルヒェム	welch**er**	welch**em**	welch**en**
4格	welch**en** ヴェルヒェン	welch**e**	welch**es**	welch**e**

格語尾一覧表

	男性	女性	中性	複数
1格	**-er**	**-e**	**-es**	**-e**
2格	**-es**	**-er**	**-es**	**-er**
3格	**-em**	**-er**	**-em**	**-en**
4格	**-en**	**-e**	**-es**	**-e**

第3課に戻って 4 をながめて何かひらめいたらあなたは才能がある！

3 不定冠詞類の格変化

冠詞類のうち，不定冠詞 ein に準ずる変化をするものを**不定冠詞類**と呼びますが，これらには ① 所有を表す**所有冠詞**と ② 否定を表す**否定冠詞** kein（英 *no*）「ひとつも‥ない」とがあります。所有冠詞を一覧表として挙げてみましょう。ihr が単数にも複数にも出てくるのに注意してください。

mein マイン	私の	(*my*)	**unser** ウンザー	私たちの	(*our*)
親称 **dein** ダイン	君の	(*your*)	**euer** オイアー	君たちの	(*your*)
敬称 **Ihr** イーア	あなたの	(*your*)	**Ihr** イーア	あなたたちの	(*your*)
sein ザイン	彼の	(*his*)			
ihr イーア	彼女の	(*her*)	**ihr** イーア	彼らの 彼女らの それらの	(*their*)
sein ザイン	それの	(*its*)			

同形！　　大文字！　Sie を思い出そう

代表例として，所有冠詞 mein の変化形を挙げてみましょう。定冠詞類との相違は，男性1格と中性1・4格で語尾が欠けることです。そこに△印を付けておきますので，注意してください。

	男性	女性	中性	複数
1格	**mein**△ マイン	**meine** マイネ	**mein**△	**meine**
2格	**meines** マイネス	**meiner** マイナー	**meines**	**meiner**
3格	**meinem** マイネム	**meiner**	**meinem**	**meinen**
4格	**meinen** マイネン	**meine**	**mein**△	**meine**

見比べると目からうろこが落ちる　頭の m をとって第3課 **5** と

冠詞類の格変化　第9課

練習問題 5 （冠詞類）

1 次の名詞句を単数・複数共に格変化させなさい。

dieser Hund　この犬
フント

単数
- 1格 _____
- 2格 _____
- 3格 _____
- 4格 _____

複数形 -e

複数
- 1格 _____
- 2格 _____
- 3格 _____
- 4格 _____

seine Katze　彼の猫
カッツェ

単数
- 1格 _____
- 2格 _____
- 3格 _____
- 4格 _____

複数形 -n

複数
- 1格 _____
- 2格 _____
- 3格 _____
- 4格 _____

unser Lehrer　私たちの先生
レーラー

単数
- 1格 _____
- 2格 _____
- 3格 _____
- 4格 _____

複数形 -

複数
- 1格 _____
- 2格 _____
- 3格 _____
- 4格 _____

welches Buch　どの本
ブーフ

単数
- 1格 _____
- 2格 _____
- 3格 _____
- 4格 _____

複数形 ¨er

複数
- 1格 _____
- 2格 _____
- 3格 _____
- 4格 _____

テキスト V — Die Fledermaus

Die Tiere[1] und die Vögel kämpfen miteinander.

Die Fledermaus geht zu den Tieren und sagt:

„Ich bin euer Freund."

Wenn aber der Kampf beginnt, verschwindet die

Fledermaus gleich.

Die Fledermaus geht jetzt zu den Vögeln und sagt:

„Ich bin euer Freund."

Wenn aber der Kampf wieder beginnt, flieht die

Fledermaus gleich wieder.

Endlich ist der Kampf zu Ende[2].

Da kommt die Fledermaus wieder und sagt:

„Ich bin euer Freund."

ノート
1 **Tier** *das* ここでは狭義の「けもの」の意。
2 **zu Ende** 動詞 sein と結び,「終わっている」。

Aber die Tiere und die Vögel sagen:„Nein, du bist
アーバー　　　ティーレ　　　　　　フェーゲル　ザーゲン　　　　ナイン　ドゥー ビスト

nicht unser Freund."
ニヒト　　ウンザー　　フロイント

Seitdem fliegt die Fledermaus nur bei Dunkelheit.
ザイトデーム　フリークト　　　　　　　　　　　　　　ヌーア　バイ　　ドゥンケルハイト

コウモリ

　けものと鳥たちがお互いに戦っています。コウモリはけもののところに行き，言います：『私はみなさんの味方です。』しかし，戦いが始まると，コウモリはすぐに雲隠れしてしまいます。

　コウモリは今度は鳥たちのところに行き，言います：『私はみなさんの味方です。』しかし，戦いが再び始まると，コウモリはまたすぐに逃げてしまいます。

　やっと，戦いは終わりました。その時，コウモリが再びやって来て，言います：『私はみなさんの味方です。』しかし，けものと鳥たちは言います：『いいや，君は私たちの仲間ではない。』

　それ以来，コウモリは暗くなってから飛ぶのです。

単語メモ　（複＝複数形）

aber	しかし	kommen	来る
beginnen	始まる	miteinander	お互いに
bei	‥の時に	nein	いいえ
da	その時	nicht	‥でない (139ページを参照)
Dunkelheit *die*	暗闇	nur	ただ
Ende *das*	終わり	sagen	言う
endlich	とうとう	seitdem	それ以来
euer	君たちの	Tier *das*	動物；けもの
Fledermaus *die*	コウモリ	Tiere	< Tier の複
fliegen	飛ぶ	und	そして
fliehen	逃げる	unser	私たちの
Freund *der*	味方	verschwinden	消える
gehen	行く	Vogel *der*	鳥
gleich	すぐに	Vögel	< Vogel の複
jetzt	今	wenn	もし‥ならば
Kampf *der*	戦い	zu	‥のところに
kämpfen	戦う		

【文法補足1】冠詞類の格変化一覧表

☆ 次の課で形容詞の格変化を学ぶ前に，今までに学んだ冠詞類を復習しましょう。もうしっかりつづりも読めますよね。

1 定冠詞・不定冠詞

	男性	女性	中性	複数	男性	女性	中性	複数
1格	der	die	das	die	ein	eine	ein	なし
2格	des	der	des	der	eines	einer	eines	なし
3格	dem	der	dem	den	einem	einer	einem	なし
4格	den	die	das	die	einen	eine	ein	なし

2 dieser

	男性	女性	中性	複数
1格	dieser	diese	dieses	diese
2格	dieses	dieser	dieses	dieser
3格	diesem	dieser	diesem	diesen
4格	diesen	diese	dieses	diese

3 所有冠詞 mein

	男性	女性	中性	複数
1格	mein	meine	mein	meine
2格	meines	meiner	meines	meiner
3格	meinem	meiner	meinem	meinen
4格	meinen	meine	mein	meine

4 否定冠詞 kein

	男性	女性	中性	複数
1格	kein	keine	kein	keine
2格	keines	keiner	keines	keiner
3格	keinem	keiner	keinem	keinen
4格	keinen	keine	kein	keine

Welches Wörterbuch kaufst du?
ヴェルヒェス　ヴェルターブーフ　カオフスト
君はどの辞書を買うのですか。

── Ich kaufe **dieses** Wörterbuch.
　　　　　カオフェ　ディーゼス
　私はこの辞書を買います。

Jedes Kind bekommt ein Geschenk.
イェーデス　キント　ベコムト　アイン　ゲシェンク
どの子どももプレゼントをもらいます。

Wo wohnen **deine** Eltern?　←常に複数形扱い
ヴォー　ヴォーネン　ダイネ　エルターン
君の両親はどこに住んでいるのですか。

── **Meine** Eltern wohnen außerhalb der Stadt.
　　マイネ　　　　　ヴォーネン　アオサーハルプ　　シュタット
　私の両親は郊外に住んでいます。

Haben Sie Geschwister?　←常に複数形扱い
ハーベン　　　ゲシュヴィスター
あなたはきょうだいがいますか。

── Nein, ich habe **keine** Geschwister.
　　ナイン　　ハーベ　カイネ　ゲシュヴィスター
　いいえ，私はきょうだいがいません。

第10課 形容詞の格変化

Lektion zehn

Track ⑲

> 形容詞はもちろん名詞の前
>
> Ich habe einen **groß**en Hund.
> 　　　　　　　　　　　グローセン　　フント
> 私は　持っている　一匹の　大きな　犬
>
> 私は一匹の大きな犬を飼っています。

　上例の太字の語は**形容詞**ですが，このままの形では辞書に載っていません。辞書には groß の形で載っています。形容詞も，冠詞類のように名詞の前に置かれる場合，<u>格語尾を付ける</u>（格変化する）のです。この課では，形容詞の格変化を学びます。

1　形容詞の格変化の3種類

　形容詞の**格変化**は，前に冠詞類があるかないか，あるならばそれが**定冠詞類**なのか**不定冠詞類**なのかによって異なり，結局3種類になりますが，それらは大部分が同じで，実際はそれ程難しくはありません。

3つのタイプ

a) 定冠詞類　＋形容詞＋名詞
　　der groß**e** Hund　　大きな犬
　　　　グローセ　フント

b) 不定冠詞類＋形容詞＋名詞
　　ein neu**es** Auto　　新しい車
　　　　ノイエス　アオトー

c) （なし）　　形容詞＋名詞
　　süß**er** Wein　　　甘口のワイン
　　ズューサー　ヴァイン

形容詞の格変化 第10課

2 定冠詞類の場合

まず，**定冠詞類**（der, dieser など）が名詞の前に置かれている場合ですが，この場合，形容詞は男性単数1格と女性・中性単数1格・4格の3か所で **-e** になる他は **-en** になり，格変化はきわめて単純です。定冠詞類が前にあれば，形容詞は **-en** になるのだ，くらいの感じで覚えてください。太字のところに注意しつつ，次の表を大きな声で何度も読んでください。

<- 定冠詞が格をはっきりさせるので形容詞は変化が少しですむ

	男性 大きな机			女性 青い花		
1格	der	groß**e** (グローセ)	Tisch (ティッシュ)	die	blau**e** (ブラオエ)	Blume (ブルーメ)
2格	des	groß**en** (グローセン)	Tisches (ティッシェス)	der	blau**en** (ブラオエン)	Blume
3格	dem	groß**en**	Tisch	der	blau**en**	Blume
4格	den	groß**en**	Tisch	die	blau**e**	Blume

（男性1格 groß**e**／女性1格・4格 blau**e** に「ここに注意」）

	中性 小さな家			複数 小さな子どもたち		
1格	das	klein**e** (クライネ)	Haus (ハオス)	die	klein**en** (クライネン)	Kinder (キンダー)
2格	des	klein**en** (クライネン)	Hauses (ハオゼス)	der	klein**en**	Kinder
3格	dem	klein**en**	Haus	den	klein**en**	Kindern (キンダーン)
4格	das	klein**e**	Haus	die	klein**en**	Kinder

（中性1格・4格 klein**e** に「ここに注意」）

3 不定冠詞類の場合

不定冠詞類 (ein，mein など) が名詞の前に置かれている場合，定冠詞類の場合と異なるのは3か所だけです。すなわち男性単数1格で -e が **-er**，中性単数1格・4格で -e が **-es** になるだけです（定冠詞類の格変化をまずしっかり覚えることが肝心ですね）。これらの3か所では不定冠詞類は格語尾がないので，形容詞が格をしっかり示す語尾 -er か -es をとるのです。変化表を挙げてみます。

	男性			女性		
	彼の大きな机 格を示す(d-er)			彼の新しいガールフレンド		
1格	sein△	gro**er**	Tisch	seine	neue	Freundin
	ザイン	グローサー	ティッシュ	ザイネ	ノイエ	フロインディン
2格	seines	gro**en**	Tisches	seiner	neu**en**	Freundin
	ザイネス	グローセン	ティッシェス	ザイナー	ノイエン	
3格	seinem	gro**en**	Tisch	seiner	neu**en**	Freundin
	ザイネム					
4格	seinen	gro**en**	Tisch	seine	neue	Freundin
	ザイネン					

	中性			複数		
	彼の新しい車 格を示す			彼の小さな子どもたち		
1格	sein	neu**es**	Auto	seine	klein**en**	Kinder
	ザイン	ノイエス	アオトー	ザイネ	クライネン	キンダー
2格	seines	neu**en**	Autos	seiner	klein**en**	Kinder
	ザイネス	ノイエン	アオトース	ザイナー		
3格	seinem	neu**en**	Auto	seinen	klein**en**	Kindern
	ザイネム			ザイネン		キンダーン
4格	sein	neu**es**	Auto	seine	klein**en**	Kinder

形容詞の格変化　第10課

4 冠詞類のない場合

冠詞類が何も付いていない場合，形容詞は定冠詞類（たとえば dieser）と同一の語尾を付けます。ただし，男性・中性の 2 格では名詞の方にすでに 2 格語尾 -[e]s があるため，形容詞の格語尾は -en になることに注意してください。

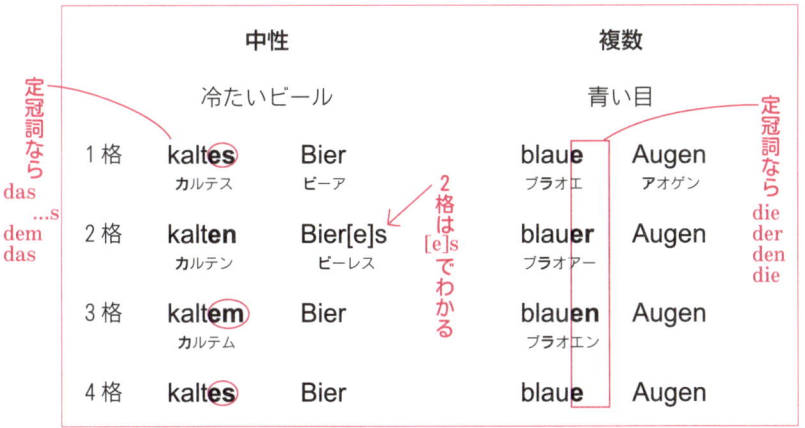

	男性 大いなる空腹		女性 短い休息	
1 格	gro**ßer** グローサー	Hunger フンガー	kurz**e** クルツェ	Ruhe ルーエ
2 格	gro**ßen** グローセン	Hungers フンガース	kurz**er** クルツァー	Ruhe
3 格	gro**ßem** グローセム	Hunger	kurz**er**	Ruhe
4 格	gro**ßen**	Hunger	kurz**e**	Ruhe

定冠詞なら: der / dem / den （男性）
定冠詞と同じ語尾
定冠詞なら: die / der / der / die （女性）

	中性 冷たいビール		複数 青い目	
1 格	kalt**es** カルテス	Bier ビーア	blau**e** ブラオエ	Augen アオゲン
2 格	kalt**en** カルテン	Bier[e]s ビーレス	blau**er** ブラオアー	Augen
3 格	kalt**em** カルテム	Bier	blau**en** ブラオエン	Augen
4 格	kalt**es**	Bier	blau**e**	Augen

定冠詞なら: das / dem / das （中性）
2 格は [e]s でわかる
定冠詞なら: die / der / den / die （複数）

　表ばかりで形容詞は大変だなと言う人がいますが，ここでは要するに，形容詞は名詞の前に付けて用いられる場合，格語尾が付くこと，そして実際に用いられている形容詞を辞書で引く場合，格語尾を取り除いた形で意味を調べるということをしっかり頭に入れてくれれば十分です。そのうち自然に格語尾に慣れてくるようになります。

練習問題 6 （形容詞）

次の名詞句を格変化（単数と複数）させなさい。

1) der große Hund　大きな犬　——複数形 -e
　　　グローセ　　フント

　単　1格＿＿＿＿＿＿＿＿＿＿＿＿＿　　複　1格＿＿＿＿＿＿＿＿＿＿＿＿＿
　数　　　　　　　　　　　　　　　　　　数
　　　2格＿＿＿＿＿＿＿＿＿＿＿＿＿　　　　2格＿＿＿＿＿＿＿＿＿＿＿＿＿

　　　3格＿＿＿＿＿＿＿＿＿＿＿＿＿　　　　3格＿＿＿＿＿＿＿＿＿＿＿＿＿

　　　4格＿＿＿＿＿＿＿＿＿＿＿＿＿　　　　4格＿＿＿＿＿＿＿＿＿＿＿＿＿

2) die kleine Katze　小さな猫　——複数形 -n
　　　クライネ　　カッツェ

　単　1格＿＿＿＿＿＿＿＿＿＿＿＿＿　　複　1格＿＿＿＿＿＿＿＿＿＿＿＿＿
　数　　　　　　　　　　　　　　　　　　数
　　　2格＿＿＿＿＿＿＿＿＿＿＿＿＿　　　　2格＿＿＿＿＿＿＿＿＿＿＿＿＿

　　　3格＿＿＿＿＿＿＿＿＿＿＿＿＿　　　　3格＿＿＿＿＿＿＿＿＿＿＿＿＿

　　　4格＿＿＿＿＿＿＿＿＿＿＿＿＿　　　　4格＿＿＿＿＿＿＿＿＿＿＿＿＿

3) mein guter Freund　私の親友　——複数形 -e
　　　マイン　グーター　フロイント

　単　1格＿＿＿＿＿＿＿＿＿＿＿＿＿　　複　1格＿＿＿＿＿＿＿＿＿＿＿＿＿
　数　　　　　　　　　　　　　　　　　　数
　　　2格＿＿＿＿＿＿＿＿＿＿＿＿＿　　　　2格＿＿＿＿＿＿＿＿＿＿＿＿＿

　　　3格＿＿＿＿＿＿＿＿＿＿＿＿＿　　　　3格＿＿＿＿＿＿＿＿＿＿＿＿＿

　　　4格＿＿＿＿＿＿＿＿＿＿＿＿＿　　　　4格＿＿＿＿＿＿＿＿＿＿＿＿＿

コーヒーブレイク 4

形容詞 schlimm [シュリム] と schlecht [シュレヒト]

　他人に迷惑をかけてしまった時，「たいしたことない，たいしたことない！」と明るく言い放ってくれると，気分がはれます。これをドイツ語で言うならば，形容詞 schlimm を用いて，以下のようになります：

Nicht schlimm, nicht schlimm !
ニヒト　　シュリム

　それに対して，他人の行為を，たとえばゴルフの素振りをするのを見て，「悪くないよ，悪くないよ！」と誉める時などは，schlecht を用いて，以下のように言います：

Nicht schlecht, nicht schlecht !
ニヒト　　シュレヒト

　schlecht はどちらかと言うと，客観的に物事を判断し，質，出来映えそのものが「悪い」という意味であるのに対し，schlimm は，その事が後に引き起こす結果を考えると，「望ましくない」，「悪い」という意味なのです。ですから，上に挙げた **Nicht schlimm！**は，その結果から考えて，「たいしたことにならない」と言っているのですし，**Nicht schlecht！**は，そのものの出来映えが「悪くない」と言っているのです。

　両方とも，「悪い」という意味で，交換可能なことも多いのですが，次のような場合には交換が可能ではありません。

Er spricht schlechtes Deutsch.
　　シュプリヒト　シュレヒテス　　ドイチュ
彼のドイツ語は下手だ。

Dieser Fehler ist schlimm.
ディーザー　フェーラー　　　シュリム
この過ちはゆゆしきものだ。

　人生を振り返ると，間違いをおかし，たえず **Schlimm, schlimm！**と言いながら，ずっと生きてきたような感じがします。でも，これは私だけかも知れませんね。

テキスト Ⅵ —— Ein großer Hund und eine kleine Katze

Ich habe einen großen Hund und eine kleine Katze.

Der große Hund hat große Ohren.

Die kleine Katze hat hübsche Augen.

Der große Hund bellt laut.

Die kleine Katze miaut leise.

Der große Hund und die kleine Katze spielen immer zusammen.

Am Abend kommen der große Hund und die kleine Katze in mein Zimmer und schlafen lieb nebeneinander.[1]

Haben Sie auch einen Hund oder eine Katze?

ノート

1 **nebeneinander** 前置詞 neben「‥の横に」と einander「お互いに」とが結合したもので、「お互いの横に」。

大きな犬と小さな猫

私は大きな犬を一匹と小さな猫を一匹飼っています。
大きな犬は大きな耳を，小さな猫はかわいい目をしています。
大きな犬は大きな声で吠え，小さな猫は小さな声で鳴きます。
その大きな犬と小さな猫はいつもいっしょに遊んでいます。
夕方になると，大きな犬と小さな猫は私の部屋に入って来て，おとなしく寄り添って眠ります。
あなたも犬か猫を飼っていますか？

単語メモ （複＝複数形）

Abend *der*	夕方	kommen	来る
am	< an dem	laut	大きな声で
an	‥に	leise	小さな声で
auch	‥もまた	lieb	おとなしく
Auge *das*	目	mein	私の
Augen	< Auge の複	miauen	（猫が）鳴く
bellen	吠える	oder	あるいは
groß	大きい	Ohr *das*	耳
haben	持っている	Ohren	< Ohr の複
hübsch	かわいい	schlafen	眠る
Hund *der*	犬	spielen	遊ぶ
immer	いつも	und	そして
in	‥の中	Zimmer *das*	部屋
Katze *die*	猫	zusammen	いっしょに
klein	小さい		

【文法補足2】熟語の挙げ方

> Er **nimmt** von seiner Heimat **Abschied**.
> 　　ニムト　　フォン　　　　　ハイマート　　　アップシート
> 彼は　とる　　‥から　彼の故郷　　　別れを
>
> 彼は故郷に別れを告げます。

　上例の太字の部分を見てください。逐語的に訳すと，「別れを・とる」となりますが，それでは日本語として少しおかしいですね。この文の名詞 Abschied と動詞 **nehmen** は，ひとつのまとまった言い回しとして，「別れを告げる」という意味を表しているのです。

　外国語を学ぼうとする場合，まず，頭に浮かぶのが文法と単語でしょう。単語は，独自の意味を持っているもので，それらが文法規則に従って結合されて文の意味を形成するのですが，しかし，なかには他の語句と固定的に結び付いて特定の意味を表すものもあります。

　このような結合をふつう**熟語**と呼ぶのですが，特に動詞と他の語句がいっしょになってまとまった意味になる熟語を**熟語動詞**といいます。上例の Abschied と nehmen がまさにその例ということになるのですが，さらにいくつか熟語動詞の例を挙げてみることにしましょう。

　　Klavier spielen　ピアノを弾く　　　　Platz nehmen　席につく（座る）
　　クラヴィーア　シュピーレン　　　　　　　　　　プラッツ　ネーメン
　　nach Hause kommen　帰宅する　　　　zu Bett gehen　就寝する
　　ナーハ　ハオゼ　コンメン　　　　　　　　　　　ツー　ベット　ゲーエン

　上例の熟語動詞において注意してもらいたいのは，動詞の位置です。英語と異なり，ドイツ語では，熟語動詞に限らず，動詞と他の語句との結び付きを示す場合（たとえば辞書などで），動詞を一番あとに置いて示すのです。もう少し言うならば，日本語と同一の語順で語句を並べるのです。

　なお，不定形の動詞を末尾に置き，これに様々な修飾語句を付け加えた（主語のない）句を**不定詞句**と呼びます。不定詞句はドイツ語にとって非常に重要な概念なので，しっかり頭に入れておいてください。

第11課 — Lektion elf

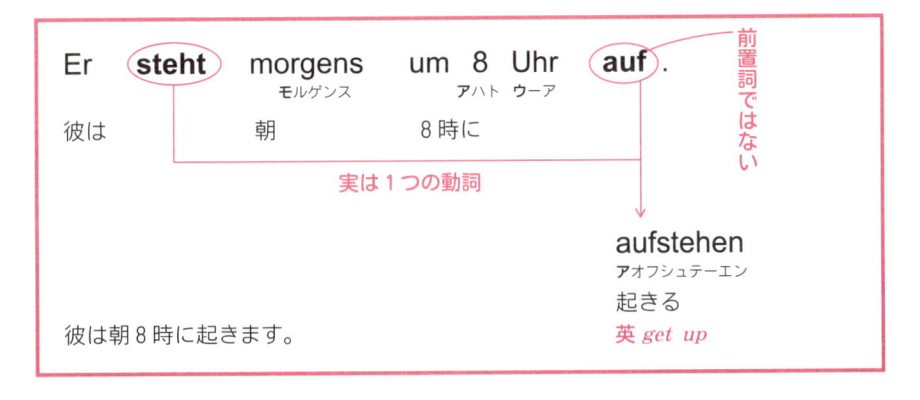

分離動詞

Track ㉓

```
Er  (steht)  morgens    um 8 Uhr   (auf).
彼は   モルゲンス      アハト ウーア        ← 前置詞ではない
      朝         8時に
     └─── 実は1つの動詞 ───┘
                                  ↓
                              aufstehen
                              アオフシューテエン
                              起きる
                              英 get up
```

彼は朝8時に起きます。

　上例の定形は **steht** ですが，それを不定形に直し (→stehen)，意味を辞書で調べても適当な訳語が出ていません。この steht は文末の auf と一体になって **aufstehen** という動詞を形作っているのです。ドイツ語にはこのように<u>全体が2つの部分に分離する動詞</u>があるのです。この課では，この種の動詞を学びます。

1 分離動詞

　主文の定形として用いられる場合，全体が2つの部分に分離する動詞を**分離動詞**と呼びます。分離する2つの部分のうち，定形になる部分を**基礎動詞部分**，分離して文末に置かれる部分を**分離前つづり**と呼びます。分離動詞であることを示すために，辞書などでは前つづりと基礎動詞部分との間に縦線を入れてあります。

```
                    ┌→ auf      分離前つづり
不定形  auf|stehen  ┤
         起きる      └→ stehen   基礎動詞部分
```

例をもう一つ挙げてみましょう。

Er **geht** mit Freunden **aus**.　　彼は友人たちと外出します。
　　　　　　　フロインデン　　　文末
　彼は　　　友人たちと

ausgehen
アオスゲーエン
外出する
英 go out

　分離動詞の特徴の一つとして，アクセントが必ず前つづりの上に置かれるということがあります。このこともしっかり頭に入れてください。

　　　　　　アクセント！
　áufstehen［**ア**オフシュテーエン］
　áusgehen［**ア**オスゲーエン］

2 分離動詞を用いた文の作り方

　ドイツ語では，基礎動詞部分が文頭から二番目の位置（第2位）に，前つづりが文末に置かれる動詞，すなわち分離動詞というものがあることを説明しましたが，このような分離動詞の文を作る場合も，第6課で学んだ規則を適用することができます。

　まず，**平叙文**の場合ですが，ドイツ語の語句を日本語と同じ順序で並べ，最後に置かれた基礎動詞部分のみを**第2位**に移せばよいのです。分離前つづりはそのまま**末尾**に残します。

　　彼は　　□□□　　きょう　　外出をします。
　　er　　　　　　　　heute　　aus|gehen

　　Er　　geht　　heute　　aus.
　　　　　ゲート　　ホイテ　　アオス
　　　　人称変化して第2位に

次に，疑問文の場合ですが，「はい」か「いいえ」かを問う**決定疑問文**では，ドイツ語の語句を日本語と同じ順序で並べ，最後に置かれた基礎動詞部分のみを**文頭**に移せばよいのです。分離前つづりはそのまま**末尾**に残します。

□□□	彼は	きょう	外出します	か
	er	heute	aus|gehen	?
Geht	er	heute	aus	?
ゲート		ホイテ	アオス	

また，疑問詞による**補足疑問文**では，ドイツ語の語句を日本語と同じ順序で並べ，疑問詞を**文頭**に移した後，最後に置かれた基礎動詞部分のみを**第2位**に移せばよいのです。分離前つづりはそのまま**末尾**に残します。

□□□	□□□	彼は	いつ	外出します	か
		er	wann	aus|gehen	?
Wann	geht	er		aus	?
ヴァン	ゲート			アオス	

3 副文中の分離動詞

副文中では，定形の動詞が文末に置かれるのでしたね。したがって，分離動詞の副文の場合，ドイツ語の語句を日本語と同じ順序で並べ，従属接続詞を**文頭**に移し，最後の基礎動詞部分を**定形**にしさえすればよいのです。

□□□	彼が	きょう	外出する	ならば	‥‥
	er	heute	aus|gehen	wenn	, ...
Wenn	er	heute	aus*geht*		, ...
ヴェン		ホイテ	アオスゲート		

4 分離動詞の人称変化

次に人称変化ですが，それは分離動詞の定形になる基礎動詞部分をふつうの動詞のように人称変化させればよいのです。練習問題の①で実際に確かめてください。

もしそれが**不規則動詞**の場合，その部分はやはり不規則に人称変化します。fahren という不規則動詞をもとにした分離動詞 **abfahren** を例にとり，その人称変化を示してみましょう。

abfahren	ich	fahre		wir	fahren	
アップファーレン		ファーレ				
出発する	du	**fährst**	... ab	ihr	fahrt	... ab
		フェーアスト	アップ		ファールト	
	Sie	fahren		Sie	fahren	
	er	**fährt**		sie	fahren	
		フェーアト				

a→ä 型注意！

5 非分離前つづり

動詞の前にいろいろな前つづりを付けますが，これらの前つづりがすべて分離するわけではありません。たとえば be- とか ver- というように分離しない前つづりもあります。

アクセント
besuchen［ベズーヘン］ 訪問する

Wir **be**suchen unseren Onkel.
　　　　　　　ウンゼレン　オンケル
私たちは私たちのおじを訪問します。

versprechen［フェアシュプレッヒェン］ 約束をする

Er **ver**spricht seinem Sohn ein Fahrrad.
　　フェアシュプリヒト　ザイネム　ゾーン　　ファールラート
私は息子に自転車を約束します。

このような分離しない前つづりを**非分離前つづり**，非分離前つづりを持つ動詞を**非分離動詞**と呼びます。なお，非分離前つづりは決してアクセントを持つことはありません。

分離動詞 第11課

練習問題 7 （分離動詞）

1 次の語句を主語のある形にしなさい。

mit einem Freund ausgehen　友だちと外出をする
　　　　　フロイント

Ich gehe mit einem Freund aus.
　　　ゲーエ

Du _____
Sie _____
Er _____
Wir _____
Ihr _____
Sie _____
Sie _____

2 次の日本語をドイツ語文にしなさい。

1) 列車はまもなく出発します。
　　der Zug, bald, abfahren
　　　　ツーク　バルト　アップファーレン

2) 私たちはいつベルリンに到着しますか。
　　wir, wann, in Berlin, ankommen
　　　　　ヴァン　　ベルリーン　アンコンメン

3) 彼はガールフレンドに電話をかけます。
　　er, seine Freundin, anrufen
　　　　ザイネ　フロインディン　アンルーフェン

4) 私たちの先生はとても厳しそうに見えます。　　—sieht … aus
　　unser Lehrer, sehr streng, aussehen
　　ウンザー　レーラー　ゼーア　シュトレング　アオスゼーエン

5) あなたは友人たちを食事に招待しますか。
　　Sie, Ihre Freunde, zum Essen, einladen
　　　　　イーレ　フロインデ　ツム　エッセン　アインラーデン

テキスト VII — Der Maulwurf

Der Maulwurf lebt fast sein ganzes Leben lang[1] unter der
Erde. Er baut viele Tunnel in der Erde.
Weißt du, warum[2] er in der Erde so viele Tunnel baut?
Der Maulwurf frisst gern[3] Regenwürmer. Wenn er in der
Erde Tunnel baut und dort herumläuft, durchbrechen
Regenwürmer die Wände der Tunnel und kommen in die
Tunnel hinein.
Der Maulwurf ist sehr klug, nicht wahr[4]?

ノート

1 **fast sein ganzes Leben lang**　sein ganzes Leben で「彼の全人生」，lang が付いて「彼の全人生の間」，fast が「ほとんど」という意味ですので，全体で訳のようになります。
2 **Weißt du, warum ...**　Warum baut er in der Erde so viele Tunnel?「なぜ彼は地中にそんなに多くのトンネルを作るのですか？」という疑問文を wissen の目的語にしたものです。このような場合，定形の動詞は文末に置きます。副文の語順ですね。
3 **... frisst gern ...**　文字どおりには「喜んで食べる」。
4 **nicht wahr?**　「本当じゃないですか？　本当でしょう？！」と，相手にあいづちを求める慣用句。

もぐら

　もぐらはほとんどその一生を土の中で暮らします。もぐらは土の中にトンネルをたくさん作ります。
　君は，なぜもぐらが土の中にたくさんのトンネルを作るか知っていますか。
　もぐらはミミズが好物なのです。土の中にトンネルを作って，その中を歩きまわっていると，ミミズがトンネルの壁を破って中に入って来るのです。
　もぐらは非常に頭がいいと思いませんか。

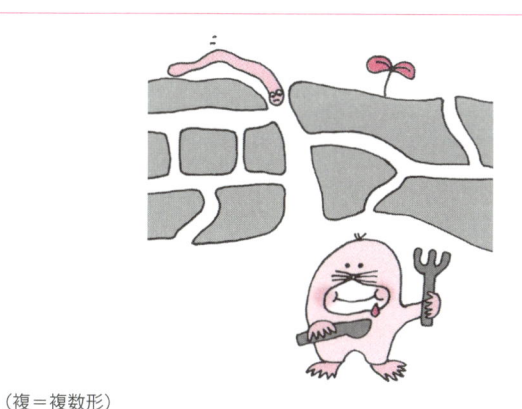

単語メモ　（複＝複数形）

bauen	作る	Maulwurf *der*	もぐら
dort	そこに	nicht	‥でない（139ページを参照）
durchbrechen	穴をあける	Regenwurm *der*	ミミズ
Erde *die*	土，地面	Regenwürmer	< Regenwurm の複
fast	ほとんど	sehr	非常に
fressen	（動物が）食べる	sein	彼の
frisst	< fressen	so	これほど
ganz	まったく，全部の	Tunnel *der*	トンネル
gern	喜んで	(複 Tunnel)	
herum|laufen	走り回る	und	そして
herumläuft	< herumlaufen	unter	‥の下
hinein	< 分離前つづり	viel	多くの
hinein|kommen	入って来る	wahr	本当の
in	‥の中へ	Wand *die*	壁
klug	賢い	Wände	< Wand の複
kommen	< hineinkommen	warum	なぜ
lang	‥の間	weißt	< wissen
leben	暮らす，生きる	wenn	もし‥ならば
Leben *das*	人生	wissen	知っている

コーヒーブレイク 5

分離前つづりによる類義語

　前つづりが動詞に付加されると，基礎動詞の意味に微妙な変化が加わることがあります。そんな例をいくつか挙げてみましょう。まず，「(ドア・窓などを) 閉める」という意味の schließen [シュ**リ**ーセン] の例です。schließen は単に「閉める」というだけの意味ですが，分離前つづり ab- を付けた abschließen [**ア**ップシュリーセン]は「鍵を用いて閉める」という意味に，分離前つづり auf- を付けた aufschließen [**ア**オフシュリーセン]は「鍵をあける」という意味になります。

　　Er schließt die Tür **ab**.　　彼はドアに鍵をかけます。
　　　　シュ**リ**ースト　テュ**ー**ア　**ア**ップ
　　Er schließt das Zimmer **auf**.　彼は部屋の鍵をあけます。
　　　　　　　　　　ツィン**マ**ー　**ア**オフ

　次に，もう少し複雑な，電車の乗り降りに関する steigen [シュ**タ**イゲン] の例を挙げてみましょう。steigen は前置詞を伴って「乗る」という意味にも「降りる」という意味にもなる動詞です。

　　Er steigt **in** den Zug.　　彼は列車に乗ります。
　　　　シュ**タ**イクト　　　ツーク
　　Er steigt **aus** dem Zug.　彼は列車から降ります。
　　　　　　　　アオス

　この動詞は，いろいろな分離前つづりを伴っても用いられます。例文を挙げるスペースはありませんが，たとえば，分離前つづり ein- を付けた einsteigen [**ア**インシュタイゲン]は「(列車・電車などに) 乗る」という意味に，分離前つづり auf- を付けた aufsteigen [**ア**オフシュタイゲン] は「(馬・バイクなどに) 乗る」という意味になります。

　また，分離前つづり aus- を付けた aussteigen [**ア**オスシュタイゲン] は「(列車・電車などから) 降りる」という意味に，前つづり ab- を付けた absteigen [**ア**ップシュタイゲン] は「(馬・バイクなどから) 降りる」という意味になります。

　なお，分離前つづり um- を付けた umsteigen [**ウ**ムシュタイゲン] は「(乗物を) 乗り換える」という意味になります。

　これらを見ただけでも，分離前つづり，そして分離動詞を学ぶ必要があることが明らかですね。がんばりましょう。

第12課 話法の助動詞

Lektion zwölf

Track 26

Ich	**will**	heute	mein Auto	**waschen**.
	ヴィル	ホイテ	マイン アオトー	ヴァッシェン
私は	‥するつもりだ	きょう	私の自動車を	洗う

私はきょう自動車を洗おうと思っています。

上例において，will の他に，もう一つの動詞 waschen が文末に置かれていますね。定形の will は**話法の助動詞**で，本動詞の waschen は文末に置かれているのです。この課では，話法の助動詞を学びます。

ワホウとよむ

I will wash ... のように続けない

1 話法の助動詞の人称変化

話法の助動詞は，本動詞の意味に**いろいろな意味合い**を付加するもので，次の6つのものがあります。

dürfen デュルフェン ‥してもよい

können ケンネン ‥できる

mögen メーゲン ‥かもしれない

müssen ミュッセン ‥しなければならない

sollen ゾレン ‥すべきである

wollen ヴォレン ‥するつもりだ

これらの人称変化は次のようになります（単数での人称変化はどれもいろいろに不規則ですが，1人称と3人称の単数形がどれも同一であることに注意してください）。

	dürfen デュルフェン	können ケンネン	mögen メーゲン	müssen ミュッセン	sollen ゾレン	wollen ヴォレン	
ich	darf ダルフ	kann カン	mag マーク	muss ムス	soll ゾル	will ヴィル	
du	darfst ダルフスト	kannst カンスト	magst マークスト	musst ムスト	sollst ゾルスト	willst ヴィルスト	1・3人称は同形
Sie	dürfen	können	mögen	müssen	sollen	wollen	
er	darf	kann	mag	muss	soll	will	
wir	dürfen	können	mögen	müssen	sollen	wollen	
ihr	dürft デュルフト	könnt ケント	mögt メークト	müsst ミュスト	sollt ゾルト	wollt ヴォルト	
Sie	dürfen	können	mögen	müssen	sollen	wollen	
sie	dürfen	können	mögen	müssen	sollen	wollen	

2 話法の助動詞を用いた文の作り方

話法の助動詞の文を作る場合，すでに学んだ語順の規則を適用することができます。まず，**平叙文**の場合ですが，ドイツ語の語句を<u>日本語と同じ順序で並べ</u>，最後に置かれた話法の助動詞を**第2位**に移せばよいのです。本動詞はそのまま**末尾**に残します。

私は	□□□	きょう	ボンに	行く	つもりです
ich		heute	nach Bonn	*fahren*	wollen
Ich	**will** ヴィル	heute ホイテ	nach Bonn ナーハ　ボン	*fahren*. ファーレン	人称変化して第2位に

話法の助動詞 第12課

　話法の助動詞と不定形の本動詞は，分離動詞の基礎動詞部分と前つづりのように，第2位と文末とに離れ離れになっていますね。

　次に，**疑問文**ですが，本質的なところは変わりません。「はい」か「いいえ」かを問う**決定疑問文**の場合は，ドイツ語の語句を日本語と同じ順序で並べ，最後に置かれた話法の助動詞のみを**文頭**に移せばよいのです。

　また，疑問詞による**補足疑問文**の場合は，ドイツ語の語句を日本語と同じ順序で並べ，疑問詞を**文頭**に移した後，最後に置かれた話法の助動詞のみを**第2位**に移せばよいのです。本動詞はそのまま**末尾**に残します。

□□□	君は	きょう	ボンに	行く	つもりです	か
	du	heute	nach Bonn	*fahren*	**wollen**	?

Willst	du	heute	nach Bonn	*fahren*		?
ヴィルスト		ホイテ	ナーハ　ボン	ファーレン		

□□□	□□□	君は	いつ	ボンに	行く	つもりです	か
		du	wann	nach Bonn	*fahren*	**wollen**	?

Wann	**willst**	du		nach Bonn	*fahren*		?
ヴァン	ヴィルスト			ナーハ　ボン	ファーレン		

3　副文中の話法の助動詞

　副文中では，定形の動詞が文末に置かれるのでしたね。したがって，**話法の助動詞**の副文の場合は，ドイツ語の語句を日本語と同じ順序で並べるだけでよいのです。**本動詞＋話法の助動詞**という順序になります。

Wenn du nach Deutschland *fahren* **willst**, ‥
ヴェン　　　ナーハ　　　ドイチュラント　ファーレン　ヴィルスト
もし君がドイツに行くつもりならば，‥

4 möchten 「‥したい」

（社会生活を円滑にするためによく使う）

　話法の助動詞に準ずるものとして möchten という形があります。これは欲求を丁寧に控えめに表す動詞で，日常会話ではよく用いられるものですので，しっかり覚えてください。次のように人称変化します。

ich	möchte メヒテ		wir	möchten メヒテン
du	möchtest メヒテスト		ihr	möchtet メヒテット
Sie	möchten メヒテン		Sie	möchten
er	möchte		sie	möchten

Möchten Sie Kaffee trinken?　↗ 尻上がり
　　　　　　カフェ　トリンケン
コーヒーをお飲みになりますか。

5 未来時制

　未来時制は，未来の助動詞 werden と本動詞を組み合わせ，werden を人称変化させて作ります。語順は，話法の助動詞の文に準じます。念のため，日本語との対応関係に基づいた，平叙文の作り方を図示してみましょう。ドイツ語の語句を日本語と同じ順序で並べるのがコツです（werden の人称変化は18ページを参照してください）。

彼は	□□□	まもなく	来る	でしょう
er		bald	kommen	**werden**
Er	**wird** ヴィルト	bald	kommen. コンメン	
		バルト		

　ドイツ語の場合，未来形と言っても，上の例のように，未来のことそのものよりも**推量**を表すのがふつうです。

話法の助動詞 第12課

練習問題 8 （話法の助動詞）

次の日本語をドイツ語文にしなさい。

1) 彼は　流暢に　ドイツ語を　話すことが　できます。
   er　fließend　Deutsch　sprechen　können
   　　フリーセント　ドイチュ　シュプレッヒェン　ケンネン

   _____

2) 私は　明日　6時に　　　起きな　　けれはなりません。
   ich　morgen　um 6 Uhr　aufstehen　müssen
   　　モルゲン　ウム ゼクス ウーア　アオフシュテーエン　ミュッセン

   _____

3) この夏に　　　私はドイツへ　　　行く　つもりです。
   in diesem Sommer　ich nach Deutschland　fliegen　wollen
   　ディーゼム　ゾンマー　　　ナーハ　ドイチュラント　フリーゲン　ヴォレン

   _____

4) 君は　即刻　家に　　帰って来　なさい。←来るべきである
   du　sofort　nach Hause　kommen　sollen
   　　ソフォルト　ナーハ　ハオゼ　コンメン　ゾレン

   _____

5) 私は　あることを　お尋ねしても　いいです　か。
   ich　etwas　fragen　dürfen　？
   　　エトヴァス　フラーゲン　デュルフェン

   _____

6) あなたは　何を　飲み　たいです　か。
   Sie　was　trinken　möchten　？
   　　ヴァス　トリンケン　メヒテン

   _____

7) 彼は　明日　ベルリンに　行く　でしょう。
   er　morgen　nach Berlin　fahren　werden
   　　モルゲン　ベルリーン　ファーレン　ヴェーアデン

   _____

89

テキスト Ⅷ — Ein Fuchs

In einem Wald lebt ein Fuchs. Eines Tages[1] bekommt er großen Hunger und sucht nach einem Mittagessen. Da kommt er zu einem Weingarten und sieht dort viele Trauben. Die Trauben sehen sehr lecker aus. Er will sie[2] essen und springt mit voller Kraft immer wieder hoch. Aber die Trauben hängen zu[3] hoch, und er kann sie[2] nicht erreichen. Da sagt er: „Die Trauben müssen sauer sein." Mit diesen Worten[4] geht der Fuchs wieder weg.

ノート

1 **Eines Tages** この2格は副詞的に用いられているもので,「ある日」の意.
2 **sie** die Trauben を指し,複数の4格です。94ページ参照.
3 **zu** 形容詞を修飾して,「‥過ぎる」の意.
4 **Mit diesen Worten** 「この言葉で,この言葉を残して」.「単語」ではなく,「言葉」の意味で用いられる場合,Wort の複数形は Worte です.

狐

　ある森に狐が一匹暮らしております。ある日その狐は非常な空腹に襲われ，昼ごはんを探します。
　その時，狐はぶどう畑にたどり着き，そこにたくさんのぶどうを見ます。ぶどうはとてもおいしそうに見えます。狐はそれらを食べようとして，力一杯，繰り返し高く飛びはねます。しかしぶどうは高いところにあり過ぎて，とることができません。そこで狐は言います：『このぶどうはすっぱいに違いない。』
　こう言いながら，狐は去って行きます。

単語メモ （複＝複数形）

aber	しかし	nach	‥を求めて
aus	< aussehen の分離前つづり	nicht	‥でない
aus|sehen	‥のように見える	sagen	言う
bekommen	得る	sauer	すっぱい
da	その時に	sehen	見る
dort	そこに	sehr	とても
erreichen	届く	sieht	< sehen
essen	食べる	springen	跳ぶ
Fuchs *der*	狐	suchen	探す
groß	大きい	Tag *der*	日
hängen	ぶら下がっている	Traube *die*（複 Trauben）	ぶどう
hoch	高い		
Hunger *der*	空腹	und	そして
immer 《wieder と共に》	繰り返し	viel	多くの
in	‥の中に	voll	いっぱいの
kann	< können	Wald *der*	森
kommen	来る	weg	< weggehen の分離前つづり
können	‥できる	weg|gehen	立ち去る
Kraft *die*	力	Weingarten *der*	ぶどう畑
leben	暮らす	wieder	再び
lecker	おいしそう	will	< wollen
Mittagessen *das*	昼ごはん	wollen	‥したがる
mit	‥で	Wort *das*	言葉；単語
müssen	‥にちがいない	zu	‥に／‥し過ぎる

【文法補足3】話法の助動詞の「ひとり立ち」

> Er kann sehr gut Japanisch.
> カン ゼーア グート ヤパーニッシュ
> 彼は できる とても よく 日本語を
>
> 彼は日本語がとても上手です。

　話法の助動詞は，他の動詞を伴わずに，単独で用いられることがあります。しかし，いつでも勝手に話法の助動詞を単独で用いてよいかというと，そういうわけではありません。上の文は後回しにし，まず，次の文を見てください。

Ich muss zum Arzt.
　　 ムス　 ツム　アールツト
私は医者のところに行かねばなりません。

Ich will mit nach Berlin.
　　 ヴィル　　　ナーハ　ベルリーン
私はいっしょにベルリンに行くつもりです。

　これらの文は，訳からも分かるように，「‥へ行く」という移動を表しているのですが，移動を表す動詞（たとえば gehen とか fahren）がどこにも見あたりませんね。その代わり，zum Arzt「医者のところへ」とか nach Berlin「ベルリンへ」という方向を表す語句があります。話法の助動詞は，このように，方向を表す語句を伴って移動を表す場合，gehen とか fahren のような本動詞を省略して単独で用いることができるのです。

　もう一つのタイプは次の文です。話法の助動詞が単独で用いられています。

Das darfst du nicht.　　それは君はしてはなりません。
　　　 ダルフスト

　どのような動詞が省略されているか，推測がつきますか。訳からしても，まず tun という動詞が考えられますね。日本語でも「それが出来る」と言えば，「それをすることが出来る」という意味になりますね。話法の助動詞は，このように，tun という動詞を用いるような場合にも，単独で用いることが出来るのです。

　なお，特に können は，冒頭の文のように，言語名を表す名詞と結び付くことがあります。覚えておくと便利です。

第13課 人称代名詞と再帰代名詞

Lektion dreizehn

Track 29

---

a. Hans betrachtet **ihn**.
   ハンスは 観察する 彼を
   （ベトラハテット）（イーン）
   — er の4格
   Hans と彼は別人

   ハンスは彼を観察します。

b. Hans betrachtet **sich** im Spiegel.
   ハンスは 観察する 自分を 鏡で
   （ベトラハテット）（ズィヒ）（シュピーゲル）
   — 主語 Hans 自身が目的語になる

   ハンスは自分の姿を鏡で観察します。

　上例のa文は，ハンスが他の人を観察しているのに対して，b文は，ハンスが自分自身のことを観察しているわけです。主語の人物が自分自身に対して何かをすることを表す場合，**人称代名詞**ではなく，**再帰代名詞**と言われるものを使います。この課では，人称代名詞と再帰代名詞を学びます。

1　3格と4格の人称代名詞

　まず**人称代名詞**ですが，第1課で学んだ1格の形と**3格**と**4格**の形を次のページに挙げます。2格の形もあるのですが，これは現在ではほとんど用いられなくなっているので省きます。
　では，「私の‥」とか「君の‥」と言う場合にはどうするのかということですが，これには第9課で学んだ mein とか dein とかの冠詞類を用いればよいですね。「そうか！」と思う人はもう一度そのところを見直してください。なお，2人称敬称は3格・4格でも語頭を大文字で書くことに注意してください。

	1人称	2人称 親称	2人称 敬称	3人称	3人称	3人称
1格 ··が	ich 私	du 君	Sie あなた	er 彼	sie 彼女	es それ
3格 ··に	mir ミーア	dir ディーア	Ihnen (大文字) イーネン	ihm イーム	ihr イーア	ihm イーム
4格 ··を	mich ミヒ	dich ディヒ	Sie ズィー	ihn イーン	sie ズィー	es エス
1格 ··が	wir 私たち	ihr 君たち	Sie あなたたち	sie 彼[女]ら，それら		
3格 ··に	uns ウンス	euch オイヒ	Ihnen イーネン	ihnen イーネン		
4格 ··を	uns	euch	Sie ズィー	sie ズィー		

　人称代名詞の用法で特に注意してほしいのが3人称です。3人称の人称代名詞は人を表すだけでなく，それぞれ男性名詞，女性名詞，中性名詞の**代用形**としても用いられるのです。次の文の er は男性名詞 Tee を，そして sie は女性名詞 Milch を受けているのです。

Schmeckt dir der Tee?　　　　そのお茶はおいしいですか。
シュメックト ディーア　　テー

── Ja, **er** schmeckt mir gut.　―はい，おいしいです。
　　　　　　　　　　ミーア グート

　　　　　　　　　　　　　　　　「彼女」を飲んではいけない
Die Milch ist sauer.　Ich trinke **sie** nicht.
ミルヒ　　ザオアー　　　　　トリンケ
ミルクはすっぱくなっています。私はそれを飲みません。

人称代名詞と再帰代名詞　第13課

主語に再び帰る

2 再帰代名詞

「私が私を‥」とか「君が君を‥」など

　再帰代名詞は，主語と同一のものを指す代名詞のことなのですが，形は下の表に示すとおり，3人称と2人称敬称のみが **sich** という特別な形を取るほかは，人称代名詞とまったく同じです。

	1人称		2人称				3人称
			親称		敬称　Sie		
	単数	複数	単数	複数	単数	複数	単数・複数
3格	mir ミーア	uns ウンス	dir ディーア	euch オイヒ	sich ズィヒ	sich	sich
4格	mich ミヒ	uns	dich ディヒ	euch	sich	sich	sich

小文字になる

ich と du だけが 3・4格で形が違う

　具体的な使われ方ですが，動詞 waschen「洗う」を例に，各人称の再帰表現を挙げてみましょう。次のようになります。

動詞のすぐあとに

Ich	wasche ヴァッシェ	**mich**.	私は
Du	wäschst ヴェッシュスト	**dich**.	君は
Sie	waschen ヴァッシェン	**sich**.	あなたは
Er	wäscht ヴェッシュト	**sich**.	彼は
Wir	waschen	**uns**.	私たちは
Ihr	wascht ヴァッシュト	**euch**.	君たちは
Sie	waschen	**sich**.	あなたがたは
Sie	waschen	**sich**.	彼らは

体を洗う。

　「私が私を洗う」とか「君は君を洗う」と言えば，かならず自分の身体を洗うことになりますね。このように，1人称と2人称親称では人称代名詞を用いても誤解の生じる可能性がないので，特別な再帰代名詞が必要ないのです。

3 再帰動詞

動詞の中には，再帰代名詞とのみ結び付き，一つのまとまった意味を表すものがあります。たとえば，**entschließen** という動詞はかならず再帰代名詞と結び付き，「決心する」という意味を表します。

― 形は 2 語だが意味はひとつ「決心する」

Er **entschließt** sich zum Umzug.
　エントシュリースト　　　ツム　ウムツーク

彼は引越する決心をします。

これらは**再帰動詞**と呼ばれ，辞書では例えば 再 のように表記され，また再帰代名詞は sich によって代表させます。よく用いられる再帰動詞をいくつか挙げてみましょう。

sich erkälten 　　エアケルテン 風邪を引く	Er **erkältet sich** oft im Winter. 　エアケルテット　　オフト　ヴィンター 彼は，冬によく風邪を引きます。
sich freuen 　　フロイエン 楽しみにする	Er **freut sich** auf die Ferien. 　フロイト　　アオフ　　フェーリエン 彼は休暇を楽しみにしています。
sich setzen 　　ゼッツェン 腰を掛ける	Er **setzt sich** auf einen Stuhl. 　ゼッツ　　　　　　　　シュトゥール 彼は椅子の上に座ります。

4 相互代名詞

最後になりますが，主語が複数の人を表す場合，再帰代名詞は，「**お互いに/お互いを**」という相互的意味でも用いられることに触れておきましょう。

　　　　　　　　― 殴りあう　　　　　　― 絶えずいつも
Die Brüder **schlagen sich** dauernd.
　ブリューダー　シュラーゲン　　ダオエルント

その兄弟たちはいつも殴りあいばかりしています。

人称代名詞と再帰代名詞　第13課

練習問題　9　（再帰代名詞）

1　下線部に適当な再帰代名詞を入れなさい。

不定形　rasieren　そる（sich rasieren　ひげをそる）
ラズィーレン

Ich rasiere _____.　　　Wir rasieren _____.
ラズィーレ

Du rasierst _____.　　　Ihr rasiert _____.
ラズィーアスト

Sie rasieren _____.　　　Sie rasieren _____.

Er rasiert _____.　　　Sie rasieren _____.
ラズィーアト

2　下線部に適当な再帰代名詞を入れ，訳しなさい。

1) Ich ärgere _____ （4格）　über ihn.
　　エルゲレ　　　　　　　　　　　ユーバー

2) Wir setzen _____ （4格）　auf den Stuhl.
　　ゼッツェン　　　　　　　　　　　シュトゥール

3) Der Zucker löst _____ （4格）　in Wasser auf*.
　　ツッカー　レースト　　　　　　　　　ヴァッサー

4) Er kämmt _____ （3格）　das Haar.
　　ケンムト　　　　　　　　　　　ハール

5) Ihr denkt immer nur an _____ （4格）．
　　デンクト　インマー　ヌーア

*分離動詞 auflösen の分離前つづり

単語メモ

ärgern《sich と》怒る　　auf ‥の上　　auflösen《sich と》溶ける　　denken 考える
Haar das 髪　　ihn 彼（4格）　　immer いつも　　kämmen（髪を）とかす
setzen《sich と》座る　　Stuhl der 椅子　　nur のみ　　über ‥について
Wasser das 水　　Zucker der 砂糖

テキスト IX — Ein Spiegel

In einem Restaurant hängt ein großer Spiegel. Alle[1] Gäste sehen in den Spiegel und betrachten sich darin. Sie wollen alle[1] wissen, wie sie aussehen[2]. Der Spiegel sagt kein Wort, aber er kann ihre Gedanken lesen. Er ärgert sich immer.

„Die Menschen irren sich alle. Die einen[3] glauben, dass sie schön sind. Dabei sind sie meistens hässlich. Die anderen[3] glauben, dass sie hässlich sind. Dabei sind sie meistens schön. Nur wenige Menschen sehen sich richtig."

Finden Sie sich in einem Spiegel schön oder hässlich?

ノート

1. **alle** 名詞の前に置かれた alle は形容詞として名詞を修飾しているものです。文中の alle は主語に対して同格的に用いられたものです。副詞の一種と考えるとよいでしょう。
2. **wie sie aussehen** Wie sehen sie aus?「彼らにはどのように見えますか?」という疑問文を wissen の目的語としたものです。このような場合, 定形の動詞は文末に置きます。
3. **Die einen ... Die anderen ...** 「一方の人は‥ 他方の人は‥」。後ろに Menschen を補って考えてください。ein[en] は形容詞として用いられています。

鏡

あるレストランに一つの大きな鏡が掛かっています。お客さんはみんなその鏡をのぞき込み，自分の姿をながめます。彼らはみな自分がどう見えるかを知りたいのです。鏡は何も言いませんが，人の考えを読むことが出来るのです。

彼はいつも腹を立てています：『人間はみんな間違っている。ある人は自分のことを美しいと思うが，そのような時はたいてい，彼らは醜い。他の人は自分のことを醜いと思うが，そのような時はたいてい，彼らは美しい。ほんの少しの人だけしか正しく自分の姿を見ない。』

みなさんは鏡の中の自分を美しいと思いますか，それとも醜いと思いますか。

単語メモ （複＝複数形）

aber	しかし	kein	どの‥もない
all	すべての	können	‥できる
ärgern《sich と》	怒る	lesen	読む
aussehen	‥のように見える	meistens	たいてい
betrachten	観察する	Mensch *der*	人間
dabei	その際	(複 Menschen)	
darin	その中で	nur	ただ‥
dass	‥と	oder	あるいは
finden	‥と思う	Restaurant *das*	レストラン
Gast *der*	客	richtig	正しく
Gäste	Gast の複	sagen	言う
Gedanke *der*	考え	schön	美しい
(複 Gedanken)		sehen	見る
glauben	‥と考える	Spiegel *der*	鏡
groß	大きな	und	そして
hängen	掛かっている	wenig	わずかな
hässlich	醜い	wie	どのように
immer	いつも	wissen	知る
irren《sich と》	間違える	wollen	‥したがる
kann	< können	Wort *das*	語

第14課 命令形

Lektion vierzehn

Track 31

Komm herein und wärme dich！
コム　ヘライン　　　ヴェルメ　ディヒ
来る　　中に　　そして　温める　君を

入って来て，体を温めなさい！

感嘆符が付く

komm-en　　　　　　　　　wärm-en

上例の最初の動詞 **komm** は人称語尾が付いていませんね。また次の動詞 **wärm-e** は人称語尾が付いていても主語が見あたりません。これらは相手に対する命令を表現する動詞の形，すなわち**命令形**なのです。この課では，命令形を学びます。

1 du/ihr に対する命令形

まず，**命令形の作り方**ですが，ふだん du や ihr で話す親しい間柄の相手に対して命令形を使う場合，不定形の語幹に，相手が一人ならば **-e**，二人以上ならば **-t** を付けた形を用います。なお，語幹が **-d，-t** で終わる動詞の場合，**-t** でなく，**-et** を付けます。

語幹

		du に対する場合 （相手が一人）	ihr に対する場合 （相手が二人以上）
lernen レルネン	学ぶ	lern-e！　学べ！ レルネ	lern-t！ レルント
baden バーデン	入浴する	bad-e！　入浴しなさい！ バーデ	bad-et！ バーデット
warten ヴァルテン	待つ	wart-e！　待て！ ヴァルテ	wart-et！ ヴァルテット　口調上の **e**

命令形 第14課

2 du に対する命令形のバリエーション

1 の規則が大原則ですが，**du に対する命令形**についていくつか細則があります。

まず第1に，e を省くことがあるのです。たとえば gehen，kommen などはふつう e を省いて命令形を作ります。e を付けてみて，省いた方が言いやすければ省くと覚えてください。

Geh schnell nach Hause !　　早く家に帰りなさい！
ゲー　シュネル　　ハオゼ
　　e を省く

第2に，現在人称変化単数2人称・3人称で幹母音 e を i/ie に変える不規則動詞の場合なのですが，これらは du に対する命令形も，幹母音を i/ie に変えて作るのです。また，語尾 e も省きます。

essen	食べる	→	**iss**!	(du isst)
エッセン			イス	イスト
sprechen	話す	→	**sprich**!	(du sprichst)
シュプレッヒェン			シュプリヒ	シュプリヒスト

（こだけ使う）

なお，ihr に対する命令形は常に規則的に作られます：　**esst** !　**sprecht** !
　　　　　　　　　　　　　　　　　　　　　　　　　　エスト　シュプレヒト

3 Sie に対する命令形

以上は，親しい間柄の相手に対して用いる命令形ですが，それほど親しくなく，ふつう **Sie を用いて話しかける人** に対する場合は，相手が一人でも，二人以上でも疑問文と同一の形式を用います。ただし，イントネーションは命令口調で，下降的です。また，クエスチョンマークの代わりに感嘆符 "!" を付けます。

Lernen Sie fleißig Deutsch ! ↘
　　　　　　フライスィヒ　ドイチュ
真面目にドイツ語を学びなさい！

参照：　Lernen Sie fleißig Deutsch ? ↗
　　　　あなたは真面目にドイツ語を学んでいますか。

第15課 過去形

Lektion fünfzehn

Track 32

a. Er **spielt** heute Tennis. ← 現在形
　　シュピールト　ホイテ　　テニス
　　彼は　する　　きょう　　テニスを

　彼はきょうテニスをします。

b. Er **spielte** gestern Tennis. ← 過去形
　　シュピールテ　ゲスターン　テニス
　　彼は　した　　きのう　　テニスを

　彼はきのうテニスをしました。

上例のa文は**現在形**，b文は**過去形**ですが，a文では語尾が -t であるのに対して，b文では語尾が -te になっています。この課では，**過去形の作り方**を学びます。

1 規則的な作り方

大部分の動詞は，上例の spielen のように，語幹に **-te** を付けて，過去形を作ります。これらを規則動詞と呼びますが，さらにいくつか例を挙げてみましょう。

kauf-en 買う　── **kauf-te**　語幹＋ -te
カオフェン　　　　カオフテ

lieb-en 愛する　── **lieb-te**
リーベン　　　　　リープテ

語幹が -d, -t などで終わる動詞は，**口調上の e** を挿入した **-ete** を付けます。

wart-en 待つ　── **wart-ete**　この方が発音しやすい
ヴァルテン　　　　ヴァルテテ

bad-en 入浴する　── **bad-ete**
バーデン　　　　　　バーデテ

過去形 **第15課**

2 不規則な作り方

　過去形の作り方にも例外があります。一部の動詞は<u>幹母音を変化</u>させたりして過去形を作ります。これらを不規則動詞と呼びますが，すべてが重要動詞です。ここではそれらのいくつかを挙げるにとどめますが，ぜひ巻末の「不規則動詞変化一覧表」の動詞をすべてしっかり覚えてください。

fahren ファーレン	（乗物で）行く	──	**fuhr** フーア
finden フィンデン	見つける	──	**fand** ファント
gehen ゲーエン	行く	──	**ging** ギング
kommen コンメン	来る	──	**kam** カーム
wissen ヴィッセン	知っている	──	**wusste** ヴステ
sein ザイン	‥である	──	**war** ヴァール
haben ハーベン	持っている	──	**hatte** ハッテ
werden ヴェーアデン	‥になる	──	**wurde** ヴルデ

重要な動詞ばかり！

3 前つづりを持つ動詞の過去形

　前つづりを持つ動詞の場合，前つづりが分離するものか分離しないものかにかかわらず，基礎動詞部分を過去形にして作ります。

abfahren アップファーレン	出発する	──	**fuhr** フーア	…	**ab** アップ
anrufen アンルーフェン	電話をかける	──	**rief** リーフ	…	**an** アン

● 103

besuchen	訪問する	——	**besuchte**
ベズーヘン			ベズーフテ
versprechen	約束する	——	**versprach**
フェアシュプレッヒェン			フェアシュプラーハ

4 過去人称変化

過去形も，現在形と同じように人称変化をします。**過去人称変化**は，**1**，**2** で覚えた形（これを**過去基本形**と言うことがあります）に次のような人称語尾を付けて行います。現在形の場合とは1人称・3人称単数においてのみ異なります。

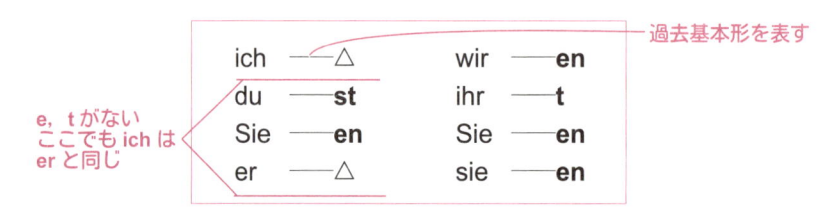

```
           ┌── 過去基本形を表す
ich ——△         wir ——en
du  ——st        ihr ——t
Sie ——en        Sie ——en
er  ——△         sie ——en
```

e, t がない
ここでも ich は
er と同じ

fahren ⇒ **fuhr**
ファーレン　フーア
（乗物で）行く

ich	fuhr○ ナシ	wir	fuhren
du	fuhrst	ihr	fuhrt
	フーアスト		フーアト
Sie	fuhren	Sie	fuhren
	フーレン		
er	fuhr○ ナシ	sie	fuhren

また，過去形を -te で作るものには，複数の1人称・3人称において -e を省き，次のように変化します。

lieben ⇒ **liebte**
リーベン　リープテ
愛する

ich	liebte	wir	liebten
du	liebtest	ihr	liebtet
	リープテスト		リープテット
Sie	liebten	Sie	liebten
	リープテン		
er	liebte	sie	liebten

過去形 第15課

練習問題 10 （過去形）

1 次の動詞は規則動詞です。過去基本形を書きなさい。

kochen _____   tanzen _____
コッヘン   タンツェン

2 次の動詞の過去人称変化を書きなさい。

不定形：kommen　来る
　　　コンメン
過去形：kam
　　　カーム

ich _____　wir _____
du _____　ihr _____
Sie _____　Sie _____
er _____　sie _____

不定形：warten　待つ
　　　ヴァルテン
過去形：wartete
　　　ヴァルテテ

ich _____　wir _____
du _____　ihr _____
Sie _____　Sie _____
er _____　sie _____

3 次の文を過去形にし，訳しなさい。

1) Wir gehen mit Hans ins Kino.
　　　ゲーエン　　　　　　　キーノ

_____

2) Er tanzt mit einer jungen Frau.
　　タンツト　　　　　ユンゲン　フラオ

_____

3) Seine Eltern spielen Tennis.
　ザイネ　エルターン　シュピーレン　テニス

_____

単語メモ

Eltern（複数形）両親　　Frau *die* 女性　　gehen 行く　　jung 若い　　Kino *das* 映画館
mit ‥と　　spielen（スポーツなどを）する　　tanzen ダンスをする　　Tennis *das* テニス

● 105

テキスト X — Vergissmeinnicht

Rudolf, ein Ritter[1] im mittelalterlichen Deutschland, liebte ein hübsches Mädchen. Das Mädchen hieß Bertha. Einmal machten Rudolf und Bertha an der Donau entlang[2] einen Spaziergang. Da fand Bertha am steilen Ufer eine hübsche, blaue Blume. Sie wollte die Blume gern haben. Rudolf ging hinunter und griff nach[3] der Blume. Aber er rutschte aus und stürzte in den Fluss. Weil die Strömung sehr stark war, konnte er nicht mehr ans Ufer zurückschwimmen. Er warf Bertha die Blume zu und rief: „Vergiss mein[4] nicht!" ...

Seitdem nennt man diese Blume Vergissmeinnicht.

ノート

1 **ein Ritter ...** 前に置かれた Rudolf に対する同格表現です。
2 **an ... entlang** 3格の名詞をはさんで用います、「‥に沿って」。
3 **griff nach ...** 「‥に向かってつかむ」で、「‥をつかもうとして手を伸ばす」の意味。
4 **mein** 人称代名詞 ich の2格形 meiner の古形です。

忘れな草

　中世のドイツの騎士であったルドルフは，一人のかわいい少女を愛しておりました。その少女はベルタという名前でした。ある時，ルドルフとベルタはドナウ川に沿って散歩をしました。その時，ベルタはけわしい岸辺に一輪のかれんな，青い花を見つけました。彼女はその花をほしがりました。ルドルフは岸辺を下りてゆき，その花をつもうと，手を伸ばしました。しかし彼は足をすべらし，川にころげ落ちてしまいました。流れが非常に強かったために，彼は岸辺に泳ぎ帰ることができませんでした。彼はその花をベルタに向かって投げ，叫びました：『ぼくのことを忘れないで！』‥

　それ以来，人はその花を「忘れな草」と呼ぶのです。

単語メモ （過＝過去形）

aber	しかし	mehr 《nicht と共に》	もはや(‥でない)
aus	< ausrutschen の分離前つづり	mittelalterlich	中世の
aus|rutschen	すべる	lieben	愛する
blau	青色の	nennen	‥と呼ぶ
Blume *die*	花	rief	< rufen の過
da	その時	Ritter *der*	騎士
Deutschland *das*	ドイツ	rufen	呼ぶ
Donau *die*	ドナウ川	sehr	とても
einmal	かつて	seitdem	それ以来
entlang 《an と共に》	‥に沿って	Spaziergang *der*	散歩
fand	< finden の過	stark	強い
finden	見つける	steil	急な
Fluss *der*	川	Strömung *die*	流れ
gern	喜んで	stürzen	落ちる
ging	< gehen の過	Ufer *das*	岸
greifen	つかむ	vergessen	忘れる
griff	< greifen の過	vergiss	< vergessen の命令形
heißen	‥という名前である	Vergissmeinnicht *das*	忘れな草
hieß	< heißen の過	war	< sein の過
hinunter	< hinuntergehen の分離前つづり	warf	< werfen の過
hinunter|gehen	下りて行く	weil	‥のため
(過 ging ... hinunter)		wollen	‥しようとする
hübsch	かわいい	wollte	< wollen の過
können	‥できる	zu	< zuwerfen の分離前つづり
konnte	< können の過	zurück|schwimmen	泳いで戻る
machen	‥をする	zu|werfen	投げつける
Mädchen *das*	少女	(過 warf ... zu)	

第16課 過去分詞の作り方

Lektion sechzehn
Track 34

	不定形		過去形	過去分詞
規則的	kochen コッヘン	料理する	kochte コホテ	gekocht ゲコホト
不規則的	gehen ゲーエン	行く	ging ギング	gegangen ゲガンゲン

　次の課で完了形を，そしてその次の課で受動形を説明しますが，そのためにぜひ知っておかねばならないのが**過去分詞の作り方**です。この課では，過去分詞の作り方を学びます。なお，すでに習った過去形も挙げておきます。**不定形**と**過去形**と**過去分詞**を３つの重要な形という意味で**三基本形**（あるいは**三要形**）と呼びます。

→英 *go, went, gone* に当たる

1 規則的な過去分詞

　過去形を規則的に作る規則動詞は，過去分詞も規則的に作りますが，その作り方は，語幹の前に **ge-** を付け，語幹の後ろに **-t** を付けるのです。全体として **ge-＋語幹＋-t** になります。大部分の動詞がこのようにして過去分詞を作りますので，この公式をしっかり頭に入れてください。上例の **kochen** 以外に，もう２，３例を挙げてみましょう。なお，過去形で口調上の **e** を挿入する，すなわち語幹が **-d**，**-t** で終わる動詞は，過去分詞でも **e** を挿入します。

	——en		——te	ge——t
	lernen レルネン	習う	**lernte** レルンテ	**gelernt** ゲレルント
	baden バーデン	入浴する	**badete** バーデテ	**gebadet** ゲバーデット
	warten ヴァルテン	待つ	**wartete** ヴァルテテ	**gewartet** ゲヴァルテット

口調上の e

過去分詞の作り方　第16課

2 不規則な過去分詞

　幹母音を変化させて過去形を作る不規則動詞は，過去分詞も不規則に作りますが，その主なタイプの作り方は，語幹の前に ge- を付け，語幹の後ろに -en を付けるのです。全体として ge-＋語幹＋-en となります。重要な動詞ですので，巻末の「不規則動詞変化一覧表」でしっかり覚えてください。

fahren ファーレン	（乗物で）行く	fuhr フーア	**gefahren** ゲ**ファー**レン
kommen コンメン	来る	kam カーム	**gekommen** ゲ**コン**メン
sein ザイン	‥である	war ヴァール	**gewesen** ゲ**ヴェー**ゼン
haben ハーベン	持っている	hatte ハッテ	**gehabt** ゲ**ハープ**ト
werden ヴェーアデン	‥になる	wurde ヴルデ	**geworden** ゲ**ヴォル**デン

3 前つづりを持つ動詞の過去分詞

　分離する前つづりを持つ動詞（分離動詞）の過去分詞は，基礎動詞の過去分詞の前に前つづりを付けて作り，**分離しない前つづり**を持つ動詞（非分離動詞）の過去分詞は，基礎動詞の過去分詞から **ge-** を取り除いたものに前つづりを付けて作ります。

ab|fahren アップファーレン	出発する	fuhr ... ab フーア　アップ	**ab**|**gefahren** アップゲ**ファー**レン
be|suchen ベズーヘン	訪問する	be|suchte ベ**ズー**フテ	**be**|**sucht** ベ**ズー**フト　ge-sucht トル

なお -ieren で終わる外来語の動詞も **ge-** を付けずに過去分詞を作ります。

studieren シュトゥディーレン	大学で勉強する	studierte シュトゥ**ディー**アテ	**studiert**　ge がない シュトゥ**ディー**アト

練習問題 11 （三基本形）

① 次の動詞の三基本形を書きなさい。

不定形		過去基本形	過去分詞
lachen ラッヘン	笑う	_____	_____
tanzen タンツェン	踊る	_____	_____
arbeiten アルバイテン	働く	_____	_____
bezahlen ベツァーレン	支払う	_____	_____
diskutieren ディスクティーレン	議論する	_____	_____

② 次の動詞の三基本形を，巻末の「不規則動詞変化一覧表」を参照しつつ，書きなさい。

不定形		過去基本形	過去分詞
essen エッセン	食べる	_____	_____
gehen ゲーエン	行く	_____	_____
lesen レーゼン	読む	_____	_____
schlafen シュラーフェン	眠る	_____	_____
sehen ゼーエン	見る	_____	_____
sprechen シュプレッヒェン	話す	_____	_____
trinken トリンケン	飲む	_____	_____
versprechen フェアシュプレッヒェン	約束する	_____	_____

第17課 — Lektion siebzehn

現在完了形・過去完了形

Track 35

> Gestern **habe** ich mit ihm **getanzt**.
> ゲスターン　ハーベ　　　　ミット　　　　ゲタンツト
> 昨日　　　た　　私は　彼と　　　ダンスをし
>
> 昨日，私は彼とダンスをしました。

　上例で，第2位に置かれた **habe**（< haben）と文末に置かれた過去分詞 **getanzt**（< tanzen「ダンスをする」）はいっしょになって「ダンスをした」という完了の意味を作ります。この課では，**完了形（現在完了形・過去完了形）の文の作り方**を学びます。

1 完了不定詞

　上の例のような完了形は過去分詞と haben との組み合わせですが，完了形を作る助動詞にはさらに sein があります。過去分詞と **haben/sein** の組み合わせは完了形を作る上で基礎になるもので，しっかり頭に入れてください。このような組み合わせを**完了不定詞**と呼びます。

tanzen タンツェン	踊る	⇒	**getanzt haben** ゲタンツト　　　　　踊った
fahren ファーレン	(乗物で)行く	⇒	**gefahren sein** ゲファーレン　　　　(乗物で)行った

辞書には 完了 haben, 完了 sein と出ている

111

2 現在完了形の文の作り方

完了不定詞を覚えたところで，**現在完了形の文**の作り方です。これも，すでに学んだ語順規則を適用することができます。

まず，**平叙文**の場合ですが，ドイツ語の語句を日本語と同じ順序で並べ，最後に置かれた完了の助動詞 haben か sein を**第2位**に移せばよいのです。過去分詞はそのまま**末尾**に残します。

私は	□□□	きょう	学食で	食べまし	た
ich		heute	in der Mensa	gegessen	**haben**
Ich	**habe**	heute	in der Mensa	gegessen.	
	ハーベ	ホイテ	メンザ	ゲゲッセン	

完了の助動詞と過去分詞は，話法の助動詞と本動詞のように，第2位と文末とに離れ離れになっていますね。

次に，**疑問文**ですが，「はい」か「いいえ」かを問う**決定疑問文**の場合，ドイツ語の語句を日本語と同じ順序で並べ，最後に置かれた完了の助動詞 haben か sein を**文頭**に移せばよいのです。また，疑問詞による**補足疑問文**の場合は，ドイツ語の語句を日本語と同じ順序で並べ，疑問詞を**文頭**に移した後，最後に置かれた完了の助動詞のみを**第2位**に移せばよいのです。過去分詞はそのまま**末尾**に残します。

□□□	君は	きょう	学食で	食べまし	た	か
	du	heute	in der Mensa	gegessen	**haben**	?
Hast	du	heute	in der Mensa	gegessen		?
ハスト		ホイテ	メンザ	ゲゲッセン		

□□□	□□□	君は	どこで	きょう	食べまし	た	か
		du	wo	heute	gegessen	**haben**	?
Wo	**hast**	du		heute	gegessen		?
ヴォー	ハスト			ホイテ	ゲゲッセン		

現在完了形・過去完了形 **第17課**

3 副文中の完了形

　副文中では，定形の動詞が文末に置かれるのでしたね。したがって，完了形の副文の場合も，ドイツ語の語句を日本語と同じ順序で並べるだけでよいのです。過去分詞＋完了の助動詞 haben/sein という順序になります。

　　Ich weiß, dass du sie *geküsst* hast.
　　　　ヴァイス　　ダス　　　　　　　ゲキュスト　ハスト
　　私は，君が彼女にキスしたことを知っています。

4 sein によって完了形を作る動詞　→少数派

　完了形を作る助動詞に **haben** と **sein** の2種類があると述べましたが，どのように区別するのかという疑問が残っていますね。大部分の動詞は **haben** によって完了形を作るのです。したがってどの動詞が sein によって完了形を作るのかを覚える方が合理的だということになりますね。**sein** によって完了形を作る動詞は，次のような，4格目的語を伴わない動詞（＝自動詞）です。

① 場所の移動を表す自動詞　→方向性がある自動詞

　　gehen　　　行く　　　　　　kommen　　来る
　　ゲーエン　　　　　　　　　　　コンメン

　　steigen　　上る　　　　　　fallen　　　落ちる
　　シュ**タ**イゲン　　　　　　　　　ファレン

　「行く・来る」はもちろんのこと，「上がる」も「落ちる」も場所の移動を表していますね。「**行く・来る**」に準ずるものは sein で完了形を作ると覚えてください。

② 状態変化を表す自動詞　→ある状態に向かう方向性がある自動詞

　　werden　　‥になる　　　　sterben　　死ぬ
　　ヴェーアデン　　　　　　　　　シュ**テ**ルベン

　　aufwachen　目覚める　　　einschlafen　寝入る
　　アオフヴァッヘン　　　　　　　**ア**インシュラーフェン

　これらは「‥になる」が中心的です。「死ぬ」も「目覚める」も，要するに「死んだ」状態，「目覚めた」状態になることを表していますね。「**‥になる**」に準ずるものは sein で完了形を作ると覚えてください。

● 113

③ その他，例外的なもの

sein　‥である　　　　　begegnen　出会う
　　　　　　　　　　　　ベゲーグネン

実例を挙げてみましょう。

Die Kinder **sind** in die Stadt **gefahren**.
　　　キンダー　　　　　　シュタット　ゲファーレン
子どもたちは町へ行きました。

Das Kind **ist** endlich **eingeschlafen**.
　　キント　　　エントリヒ　アインゲシュラーフェン
子どもはとうとう眠りました。

Ich **bin** ihm heute auf der Straße **begegnet**.
　　　　イーム　　　　　　　シュトラーセ　ベゲーグネット
私は彼にきょう通りで出会いました。

5 現在完了形の人称変化

　完了文の作り方を学んだところで，現在完了の人称変化を表にして挙げてみましょう。もう例文から察しがつくと思いますが，haben および sein を現在人称変化させればよいのです。

現在完了時制

getanzt haben　踊った

ich	habe		wir	haben	
du	hast	… getanzt	ihr	habt	… getanzt
Sie	haben	ゲタンツト	Sie	haben	
er	hat		sie	haben	

gefahren sein　（乗物で）行った

ich	bin		wir	sind	
du	bist	… gefahren	ihr	seid	… gefahren
Sie	sind	ゲファーレン	Sie	sind	
er	ist		sie	sind	

6 用法

　最後に，ドイツ語の完了形の文の**用法**です。ドイツ語の完了形の文の特徴は，冒頭の文のように，過去の時を表す副詞（たとえば gestern）も用いることができることです。念のため，もう一例挙げておきましょう。

　　Er ist **gestern** nach Deutschland geflogen.
　　　　　　　　　　　ドイチュラント　　　ゲフローゲン
　　彼はきのうドイツへ（飛行機で）行きました。

英語とは違うところに注意

　また，現在完了形は過去の出来事を述べるのに用いられるのですが，そうすると，過去形との違いが問題になりますね。少し難しくなるかもしれませんが，内容的に説明すると，次のようになります：

　現在完了形は過去の出来事を現在と関連付けながら述べる場合に，過去形は現在との関係を断ち切り，過去の出来事を思い出しながら描写する場合に用います。たとえば，子どもが泥棒の入って来るのをカーテンの後ろに隠れていて目撃した場合，子どもはそのことを母親に述べるのに，現在完了形を用います。それは「怖かった」という感情が発話の中心に置かれ，出来事を現在の立場から述べるからです。それに対し，後で警察などにそのことを目撃談として伝えるとき，子どもは過去形を用います。それは，目の前で生じたことを思い出しつつ自分の感情とは別に（自分を過去の時点に置き直して）客観的に描写することが要求されるからです。

　両者の相違は，以上のようになりますが，今の段階のみなさんは，過去の出来事を述べる場合，日常会話では現在完了形を，小説や物語では過去形を用いると覚えておくのが一番いいと思います。そして，これから実際にいろんなテキストをたくさん読んで，このような相違が語感的につかめるようになってください。

7 過去完了形

　ある事柄が他の過去の事柄よりもさらに以前に生じたことを表す場合，過去完了形を用います。過去完了形は，完了の助動詞 haben/sein を過去人称変化させて作ります。

ich	hatte			wir	hatten	
	ハッテ				ハッテン	
du	hattest	… getanzt		ihr	hattet	… getanzt
	ハッテスト	ゲタンツト			ハッテット	
Sie	hatten	踊っていた		Sie	hatten	
er	hatte			sie	hatten	

ich	war			wir	waren	
	ヴァール				ヴァーレン	
du	warst	… abgefahren		ihr	wart	… abgefahren
	ヴァールスト	アップゲファーレン			ヴァールト	
Sie	waren	出発していた		Sie	waren	
er	war			sie	waren	

Als ich am Bahnhof ankam, **war** der Zug schon
アルス　　　　バーンホーフ　アンカーム　　ヴァール　　　ツーク　ショーン
abgefahren. 私が駅に着いたとき，列車はすでに出発していました。
アップゲファーレン

【文法補足4】話法の助動詞の完了文

Track 36

☆　ドイツ語では，話法の助動詞も完了形を作ることができます。ただし，過去分詞としての形は，本来的な話法の助動詞としての場合と（動詞を伴わない）独立的用法の場合（92ページ参照）とで異なります。前者の場合は，不定形として学んだ形をそのまま用い，後者の場合は **ge-** ＋ **-t** という形を用います（巻末の「不規則動詞変化一覧表」を参照）。

本来的用法　Ich habe heute in die Stadt gehen müssen.
　　　　　　　　　　　　ホイテ　　　　シュタット　ゲーエン　ミュッセン
　　　　　　私はきょう町に行かねばなりませんでした。

独立的用法　Ich habe heute in die Stadt gemusst.（意味は同じ）
　　　　　　　　　　　　　　　　　　　　　　　　　　ゲムスト

現在完了形・過去完了形 　第17課

練習問題 12 （完了形）

次の日本語を現在完了形のドイツ語文にしなさい（5）の問題は再帰代名詞の語順に気を付けてください）。

1) 彼は　昨日　彼女と　テニスを　しました。
   Er　gestern　mit ihr　Tennis　gespielt　haben
   　　ゲスターン　　イーア　　　　　ゲシュピールト

2) 母親は　　　　子どもを　　椅子の上に　　　座らせました。
   Die Mutter　das Kind　auf den Stuhl　gesetzt　haben
   　　ムッター　　キント　　　　シュトゥール　ゲゼッツト

3) 私は　君に　昨日　　　2度　　　電話をかけました。
   Ich　dich　gestern　zweimal　angerufen　haben
   　　　ディヒ　　　　　　ツヴァイマール　アンゲルーフェン

4) 彼は　旅行を　　　　ボンで　　中断しました。
   Er　seine Reise　in Bonn　unterbrochen　haben
   　　ザイネ　ライゼ　　　　　　　ウンターブロッヘン

5) 彼は　窓から　　　　　　　飛び降りました。
   Er　aus dem Fenster　sich* gestürzt　haben
   　　　　　　　　フェンスター　　　　ゲシュテュルツト

6) 私の列車は　時刻通りに　出発しました。
   Mein Zug　pünktlich　abgefahren　sein
   　　ツーク　　ピュンクトリヒ　アップゲファーレン

＊ sich stürzen で「身を投げる」の意味。sich の位置に気を付けてください。

テキスト XI — Was hast du gemacht?

Gisela: Was hast du in den Ferien gemacht?

Klaus: Ich bin nach Japan geflogen.

Gisela: Nach Japan? Toll!

Wie lange[1] warst du in Japan?

Klaus: Eine Woche.

Ich bin gerade gestern erst zurückgekommen.

Gisela: War die Reise schön?

Klaus: Ja. Besonders[2] das Essen war fantastisch.

Gisela: Welche Städte hast du besucht?

Klaus: Tokio, Kioto und Nara.

Gisela: Welche Stadt hat dir am besten[3] gefallen?

Klaus: Kioto. Kioto ist wirklich eine wunderschöne Stadt.

ノート

1 **Wie lange** 「どのくらい長く」。wie は形容詞に付けて「どのくらい」という意味で用います。
2 **Besonders das Essen** besonders は das Essen を修飾して、「特に食事は‥」となります。
3 **am besten** gut「よく」という副詞的意味の場合、最高級はこのような形になります(「もっともよく」)。137ページを参照。

何をしたの？

ギゼラ　：休暇中は何をしましたか？
クラウス：日本に行きました。
ギゼラ　：日本へ？　すばらしい！　日本にはどのくらいの期間いたのですか？
クラウス：一週間です。ちょうど昨日帰ってきたばかりです。
ギゼラ　：旅行はすてきでしたか？
クラウス：はい。特に食事がすばらしかったです。
ギゼラ　：どの都市を訪ねましたか？
クラウス：東京，京都そして奈良です。
ギゼラ　：どの都市が一番気に入りましたか？
クラウス：京都です。京都は本当にすばらしい都市です。

単語メモ　（過＝過去形／過分＝過去分詞／複＝複数形）

besonders	特に	lange	長く
best	< gut の最高級（137ページを参照）	machen	‥をする
besuchen	訪れる	mein	私の
besucht	< besuchen の過分	nach	‥へ
dir	君に	Reise *die*	旅行
erst	やっと，‥したばかり	schön	美しい
Essen *das*	食事	Stadt *die*	都市
fantastisch	すばらしい	Städte	< Stadt の複
Ferien（複）	休暇	toll	すばらしい
fliegen	（飛行機で）行く	war	< sein の過
gefallen	気に入る（過分と同形）	was	何を
geflogen	< fliegen の過分	welcher	どの
gemacht	< machen の過分	wie	どのくらい
gerade	ちょうど	wirklich	本当に
gestern	昨日	Woche *die*	週
gut	よく	wunderschön	すばらしい
in	‥の中	zurückgekommen	< zurückkommen の過分
ja	はい	zurückkommen	戻ってくる
Japan *das*	日本		

第 18 課 受動文

Lektion achtzehn

Track 38

> **Anke wird zum Essen eingeladen.**
> アンケ ヴィルト ツム エッセン アインゲラーデン
> アンケは れる 食事に 招待さ[れる]
>
> アンケは食事に招待されます。

上例で，第 2 位の **wird**（< werden）と文末の過去分詞 **eingeladen**（< einladen「招待する」）はいっしょになって「招待される」という受動の意味を作ります。この課では，**受動文の作り方**を学びます。

1 受動不定詞

受動文は，上に述べたように，過去分詞と **werden** の組み合わせによって作られます。これは**受動不定詞**と呼ばれ，人称変化のもとになるものです。これをまずしっかり頭に入れてください。

> einladen 招待する ⇒ eingeladen werden 招待される
> アインラーデン　　　　　アインゲラーデン　ヴェーアデン

2 受動文の作り方

完了不定詞を覚えたところで，**受動文の作り方**です。これも，すでに学んだ語順の規則を適用することができます。

まず，**平叙文**の場合ですが，ドイツ語の語句を日本語と同じ順序で並べ，最後に置

受動文 第18課

かれた受動の助動詞 werden を**第2位**に移せばよいのです。過去分詞はそのまま**末尾**に残します。

彼は	□□□	食事に	招待さ	れます
Er		zum Essen	eingeladen	**werden**
Er	**wird**	zum Essen	eingeladen.	
	ヴィルト	ツム エッセン	アインゲラーデン	

受動の助動詞と過去分詞は，完了の助動詞と過去分詞のように，第2位と文末とに離れ離れになっていますね。

次に，**疑問文**ですが，「はい」か「いいえ」かを問う**決定疑問文**の場合，ドイツ語の語句を<u>日本語と同じ順序で並べ</u>，最後に置かれた受動の助動詞 werden を**文頭**に移せばよいのです。また，疑問詞による**補足疑問文**の場合は，ドイツ語の語句を<u>日本語と同じ順序で並べ</u>，疑問詞を**文頭**に移した後，最後に置かれた受動の助動詞 werden のみを**第2位**に移せばよいのです。過去分詞はそのまま**末尾**に残します。

□□□	彼は	食事に	招待さ	れます	か
	er	zum Essen	eingeladen	**werden**	?
Wird	er	zum Essen	eingeladen		?
ヴィルト		ツム エッセン	アインゲラーデン	過去分詞	

□□□	□□□	彼は	いつ	食事に	招待さ	れます	か
		er	wann	zum Essen	eingeladen	**werden**	?
Wann	**wird**	er		zum Essen	eingeladen		?
ヴァン	ヴィルト			ツム エッセン	アインゲラーデン		

3 副文中の受動形

副文中では，定形の動詞が文末に置かれるのでしたね。したがって，受動形の副文の場合は，ドイツ語の語句を日本語と同じ順序で並べるだけでよいのです。<u>過去分詞＋受動の助動詞 werden</u> という順序になります。

Wenn er zum Essen *eingeladen* **wird**, ...
ヴェン　　ツム　エッセン　アインゲラーデン　ヴィルト
もし彼は食事に招待されるのならば，‥

4 受動形の人称変化

　受動文の基本的なところが頭に入ったところで現在形と過去形と現在完了形の人称変化を学びましょう。**現在形**は werden を<u>現在人称変化</u>させればよいので，次のようになります。

ich	werde ヴェーアデ		wir	werden
du	wirst ヴィルスト	... eingeladen 招待される	ihr	werdet ヴェーアデット
Sie	werden ヴェーアデン		Sie	werden
er	wird ヴィルト		sie	werden

→不規則変化

過去形は，werden を<u>過去人称変化</u>させればよいのですが，werden の過去形を忘れた人はもう一度103ページの「過去形の作り方」を読み直してください。

ich	wurde ヴルデ		wir	wurden
du	wurdest ヴルデスト	... eingeladen 招待された	ihr	wurdet ヴルデット
Sie	wurden ヴルデン		Sie	wurden
er	wurde		sie	wurden

　現在完了形は少し複雑ですが，まず werden を<u>現在完了形</u>にし，それに本動詞の過去分詞を結び付けるのです。werden の完了形は **sein** によって作るのでしたね。「あ，そうだった！」と思った人はもう一度113ページを読み直してください。なお

受動文 **第18課**

werden の過去分詞は geworden ではなく，**worden** になることに注意してください。次のように人称変化します。

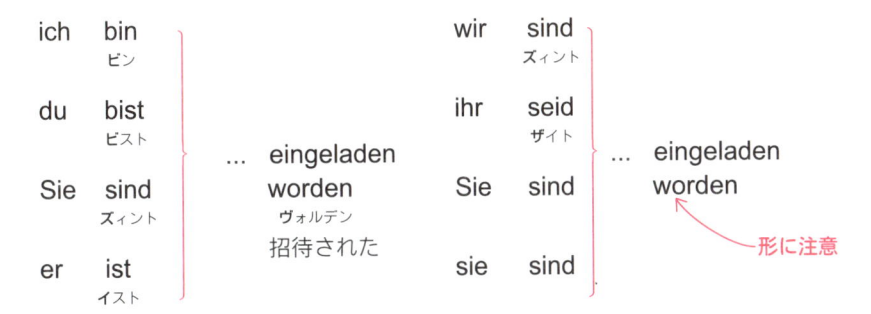

ich	bin		wir	sind	
	ビン			ズィント	
du	bist		ihr	seid	
	ビスト	... eingeladen		ザイト	... eingeladen
Sie	sind	worden	Sie	sind	worden
	ズィント	ヴォルデン			
		招待された	sie	sind	←形に注意
er	ist				
	イスト				

なお，「誰それによって」と，たとえば上例では招待してくれる人を表現したい場合は，**von** ＋ 3格名詞の前置詞句を用います。

　　Er wurde **von seinem Chef** zum Essen eingeladen.
　　　　　　　フォン　ザイネム　シェフ
　　彼は上司によって食事に招待された。

5 状態受動

受動文の一つのバリエーションとして，「‥された状態である」という意味を表す**状態受動**がありますが，これは<u>他動詞の過去分詞と **sein** の組み合わせ</u>によって作られます。過去分詞を，「‥された状態の」という意味の一種の形容詞と考えるとよいわけで，実例を一つ挙げてみましょう。

　　　　　　　　　→sein 動詞
　　Die Tür **ist geöffnet**＊.
　　　　テューア　　ゲエフネット
　　戸は開けられています。
　　　＊öffnen「開ける」→ geöffnet「開けられた状態の」＝ offen「開いている」

　　　　└─辞書には他動詞は 他 と出ている

練習問題 13 （受動形）

1 次の動詞の受動不定詞を書きなさい。不規則動詞は巻末の「不規則動詞変化一覧表」を参照しましょう。

不定詞		受動不定詞
bauen バオエン	建てる	_____
öffnen* エフネン	開ける	_____
schließen シュリーセン	閉める	_____

*口調上の e を入れる

2 次の日本語を，ドイツ語の受動文にしなさい。

1) ここに　新しいデパートが　　　　建てら　れます。
   hier　ein neues Kaufhaus　gebaut　werden
   ヒーア　ノイエス　カオフハオス　ゲバオト　ヴェーアデン

   _____

2) 何時に　　　　　そのデパートは　開けら　れます　か。
   um wie viel Uhr　das Kaufhaus　geöffnet　werden　?
   ヴィー フィール ウーア　カオフハオス　ゲエフネット　ヴェーアデン

   _____

3) 何時に　　　　　ドアは　　閉めら　れました　か。
   um wie viel Uhr　die Tür　geschlossen　wurde　?
   ヴィー フィール　テューア　ゲシュロッセン　ヴルデ

   _____

4) ドアは　外から　　　開けら　れまし　た。
   die Tür　von draußen　geöffnet　worden　sein
   テューア　フォン ドラオセン　ゲエフネット　ヴォルデン　ザイン

   _____

5) きょう　デパートは　　閉まって　います。　（状態受動）
   heute　das Kaufhaus　geschlossen　sein
   ホイテ　カオフハオス　ゲシュロッセン　ザイン

   _____

テキスト XII ― Mutti, Vati !

〉会話のシチュエーション〈

幼い娘を寝かしつけた後の夫婦の会話です。甘い会話になるかと思いきや，どうやら不穏な気配。どうなるでしょうか。(「夫婦喧嘩は犬でも食わぬ！」日本的な会話をドイツ語で表現しました。)

妻：Oh, mein Paket ist offen. Hast du das geöffnet?

夫：Nun ja.

妻：Öffne meine Pakete nicht!

夫：Ärgere[1] dich nicht. Ich habe einfach einen Fehler gemacht.

妻：Du bist immer schrecklich nachlässig. Schon einmal hast du mein kostbares Buch herausgenommen und das verschlampt. Du sollst vorsichtiger sein!

夫：Was? Du bist auch nachlässig, weißt du das? Das Paket lag auf meinem Schreibtisch.

ノート
1 **ärgere** ärgeren（再帰的用法で）「腹を立てる」の命令形。文末に nicht が来て、否定命令「〜するな」の形になっています。

妻　：Aber du bist schuld. Warum kannst du den Namen
　　　　　　　シュルト　　　　ヴァルム　　　　　　　　　　ナーメン

　　　　auf der Adresse nicht richtig lesen?
　　　　　　　アドレッセ　　　リヒティヒ　レーゼン

夫　：Ach, halt verdammt nochmal deinen Mund!
　　　アハ　ハルト　フェアダムト　ノホマール　　　　ムント

（隣の部屋から娘が寝ぼけまなこで出てくる）

娘　：Mutti, Vati! Ich hatte gerade einen schrecklichen
　　　ムッティー ファティー　　　　ゲラーデ　　　　　シュレクリッヒェン

　　　Traum².
　　　トラオム

妻(母)：Was denn für einen³?
　　　　ヴァス　デン　フューア　アイネン

娘　：Ihr wurdet zuerst von einem Hund gefressen,
　　　　ヴルデット ツーエアスト フォン　　　　　フント　ゲフレッセン

　　　aber gleich danach wieder ausgespuckt.
　　　　　　グライヒ　　ダナーハ　　ヴィーダー　アオスゲシュプックト

2　**hatte (gerade) einen schrecklichen Traum**　einen schrecklichen Traum haben で「恐ろしい夢を見る」という意味になります。

3　**Was denn für einen?**　Was denn für einen Traum?「いったいどんな夢を？」の Traum を省略したものです。was für ein ... は物事の種類を尋ねる一種の疑問詞です。

ママ，パパ！

妻：あ，私の小包が開いてる。あなたが開けたの？
夫：まあ，そうだね。
妻：私の小包を勝手に開けないでよ。
夫：怒るなよ。ちょっと間違えただけなんだから。
妻：あなたはいつもひどく不注意なのよ。この前だって私の大事な本を持ち出して失くしちゃったじゃない。もっと気をつけてよ。
夫：なんだよ，不注意はそっちだろ。その小包はぼくの机の上に置いてあったんだから。
妻：でも，わるいのはあなたよ。どうしてちゃんと宛名が読めないのよ。
夫：うるさいな。
　………………………………
娘：ママ，パパ！　私今こわい夢を見たの。
母(妻)：どんな夢を見たの？
娘：一匹の犬にママとパパが食べられちゃうけど，すぐに吐き出されちゃうのよ。

単語メモ (過＝過去形／過分＝過去分詞)

aber	しかし	Mutti	ママ (呼びかけ)
ach	ああ，おお，まあ	nachlässig	だらしない
Adresse *die*	住所	Name *der*	名前
ärgern	腹を立てる	nochmal	もう一度
auf	‥の上に	nun	さあ，さて
ausgepuckt	< ausspucken (吐き出す) の過分	offen	開いている
Buch *das*	本	Paket *das*	小包
danach	その後で	richtig	ちゃんと，正しい
einfach	単純な	schon	すでに
einmal	かつて	schrecklich	ひどい，恐ろしい
Fehler *der*	誤り	Schreibtisch *der*	事務机，デスク
gefressen	< fressen の過分	schuld	責任のある
gemacht	< machen の過分	sollst	< sollen
geöffnet	< öffnen の過分	Traum *der*	夢
gerade	ちょうど	Vatti	パパ (呼びかけ)
gleich	すぐに	verdammt	いまいましい
halt	< halten	verschlampt	< verschlampen (紛失する) の過分
herausgenommen	< herausnehmen (取り出す) の過分	vorsichtig	慎重な
Hund *der*	犬	warum	なぜ
immer	いつも	was	何
kannst	< können	weißt	< wissen
kostbar	貴重な	wieder	再び
lag	< liegen の過	zuerst	はじめに
lesen	読む		
Mund *der*	口		

第19課 zu 不定詞

Lektion neunzehn

Track 40

Wir	beschließen,	ihn	*zu entlassen*.
	ベシュリーセン		エントラッセン
私たちは	決める	彼を	解雇する（ことを）

zu 不定詞句 ＝ ihn *zu entlassen*
zu 不定詞 ＝ *zu entlassen*

私たちは彼を解雇することを決めます。

上例には 2 つの動詞がありますが，2 つ目の動詞 entlassen の前に前置詞らしい zu が添えられていますね。この課では，**zu と動詞の結合**を学びます。

1 zu 不定詞の働き

不定詞の直前に zu を置いたものを **zu 不定詞**，それを含む句を **zu 不定詞句**と呼びます。これは英語の *to* 不定詞（句）に相当するもので，名詞と同じような働きをするものです。上例の zu 不定詞句は beschließen の目的語になっています。したがってこの zu 不定詞句は，名詞や dass 文によって書き換えることが可能です。

Wir beschließen *seine Entlassung*. ← 名詞
ベシュリーセン　　　エントラッスング
私たちは彼の解雇を決めます。

Wir beschließen, *dass wir ihn entlassen*. ← 副文
　　　　　　　　　　　　　　　エントラッセン
私たちは彼を解雇することを決めます。

2 zu 不定詞（句）の作り方

zu 不定詞句は，語句を日本語と同じ順序で並べ，末尾に来る動詞の直前に zu を置

zu 不定詞　第19課

いて作ります。したがって，動詞以外の語句は，英語と異なって，zu の前に置かれることになります。zu 不定詞句は，副文の一種なのです。以下に，例を2つ挙げますが，zu 不定詞句の作り方で注意してほしいのが**分離動詞**の場合です。分離動詞の場合，zu は分離前つづりと基礎動詞部分との間に入れるのです。

　　　　　　　　　　　　　　zu 不定詞
heute Abend ins Kino **zu** *gehen*
　　　　アーベント　　　キーノ　　　ゲーエン
今晩映画に行く（こと）
　　　　　　　　　　　　　　間に zu が入る
den Vater am Bahnhof ab**zu***holen*
　　　ファーター　　バーンホーフ　アップツーホーレン
父を駅で出迎える（こと）

3 用法

zu 不定詞句の**用法**は，次の4つです。語順に注意しながら，zu 不定詞句の使い方をしっかり頭に入れてください。

① まず，**主語**としての zu 不定詞句です。文頭に zu 不定詞句を置くと，何が主語か分かりにくくなる場合，文頭に es を置き，zu 不定詞句を文末に回すことができます。ふつうその前にコンマを打ちます。

　　ひとかたまり　　　　　　　　　定形第2位
(Ihn **zu** *beruhigen*) gelingt mir.
　　ベルーイゲン　　　　ゲリングト　ミーア
彼を落ち着かせることに私は成功します。

(Es) gelingt mir, (ihn **zu** *beruhigen*).
　　　　ゲリングト　　　　　　　　ベルーイゲン
　　　　　es で仮に言っておく

② 次は，**目的語**としての zu 不定詞句です。zu 不定詞句はふつう文末に置き，その前にコンマを打ちますが，本来の目的語の位置に es を置くことがあります。

Er vergisst*, *das Haus* ab**zu***schließen*.　　*< vergessen
　　フェアギスト　　　　　　アップツーシュリーセン
彼は家の鍵を閉めるのを忘れます。

Er vergisst **es**, *das Haus* ab**zu***schließen*.
　　　　　　　　　　　　　　　　アップツーシュリーセン
　　　　　仮の目的語

● 129

③ 少しややこしいのが，**名詞修飾**としての zu 不定詞句です。この zu 不定詞句は名詞の後ろに置かれ，名詞を修飾するのです。ふつうその前にコンマを打ちます。

Er hat **den Auftrag**, *sie am Bahnhof ab**zu**holen*.
アオフトラーク　　　　　　バーンホーフ　アップツーホーレン
彼は彼女を駅で出迎えるように指図を受けています。

④ 最後のものは，前置詞 **um，ohne，statt** と結合した**副詞的な zu 不定詞句**です。一種の熟語ですので，このまましっかり覚えてください。

| um ＋ zu 不定詞　‥するために |

Er fährt in die Stadt, **um** *zum Arzt* **zu** *gehen*.
　　フェーアト　　　シュタット　　　　アールツト
彼は，医者のところに行く**ために**，町へ（車で）行きます。

| ohne ＋ zu 不定詞　‥することなく |

Er geht davon, **ohne** *sich noch einmal um**zu**drehen*.
　ゲート　ダフォン　　　　　　　ノッホ　アインマール　ウムツードレーエン
彼は，再び振り向く**こともなく**，去って行きます。

| statt ＋ zu 不定詞　‥する代わりに |

Er legt sich aufs Bett, **statt zu** *arbeiten*.
　　レークト　　　　　ベット　シュタット　アルバイテン
彼は，仕事をする**代わりに**ベッドに横になっています。

zu 不定詞　第19課

練習問題 14 （zu 不定詞）

次の文を訳しなさい。

1) Deutsch zu lernen ist interessant.
   ドイチュ　ツー　レルネン　イスト　インテレサント

2) Es ist sein Traum, nach Deutschland zu fliegen.
   エス　イスト　ザイン　トラオム　ナーハ　ドイチュラント　フリーゲン

3) Er verspricht, fleißig Deutsch zu lernen.
   エア　フェアシュプリヒト　フライスィヒ　ドイチュ　レルネン

4) Er bittet mich, ihm zu helfen.
   エア　ビッテット　ミッヒ　イーム　ヘルフェン

5) Ich habe keine Lust, ins Kino zu gehen.
   イッヒ　ハーベ　カイネ　ルスト　インス　キーノ　ゲーエン

6) Er fängt an* zu singen.　　　　　　　　　　　*分離前つづり
   エア　フェングト　アン　ズィンゲン

7) Er arbeitet, ohne zu essen.
   エア　アルバイテット　オーネ　エッセン

8) Er geht in die Stadt, um das Buch zu kaufen.
   エア　ゲート　イン　ディ　シュタット　ウム　ダス　ブーフ　カオフェン

単語メモ

anfangen 始める　　arbeiten 働く　　bitten 頼む　　Buch *das* 本　　Deutsch *das* ドイツ語
Deutschland *das* ドイツ　　essen 食べる　　fängt < fangen (→ anfangen)　　fleißig 勤勉な
fliegen 飛行機で行く　　gehen 行く　　haben 持っている　　helfen 助ける
ihm < er「彼」の3格　　in ‥の中　　ins < in das　　interessant 面白い
ist < sein「‥である」　　kaufen 買う　　kein ‥ない（英 no）　　Kino *das* 映画館
lernen 学ぶ　　Lust *die* ‥する気　　mich < ich「私」の4格　　nach ‥へ　　ohne ‥なしで
sein 彼の　　singen 歌う　　Stadt *die* 街　　Traum *der* 夢　　um (‥する)ために
verspricht < versprechen「約束する」

テキスト XIII — Uhrenfamilie

Es war einmal[1] eine Uhrenfamilie. Die Familie machte den ganzen Tag fröhlich Tick und Tack[2]. Aber eines Morgens[3] bemerkte die Mutter, dass ihr Sohn nicht mehr Tick-Tack machte. Da schrie sie: „Mein Sohn ist krank!" und fing an[4] zu weinen. Der Vater sagte: „Hör auf zu weinen! Wir müssen unseren Sohn zum Uhrendoktor bringen."

Der Uhrendoktor sagte: „Euer Sohn ist überhaupt nicht krank. Man[5] hat nur vergessen, ihn aufzuziehen." Der Doktor zog den Buben auf. Da fing er sofort an, Tick-Tack zu machen. Die ganze Familie machte wieder den ganzen Tag fröhlich Tick und Tack.

ノート

1 **Es war einmal ...** 「昔あるところに‥がおりました」という，昔話に用いられる決まり文句です。
2 **Tick und Tack / Tick-Tack** 時計の時を刻む音を表します。machen と用いられ，「チクタクと時を刻む」。
3 **eines Morgens** 副詞的に用いられる2格で，「ある朝」。
4 **fing an** 不定詞は an|fangen，zu 不定詞句と用いられて，「‥し始める」。
5 **Man** 誰かということを特定しないで「人は」という意味。日本語では訳さないのが普通です。

時計の家族

　昔，時計の家族がおりました。家族は一日中楽しそうにチクタクと時を刻んでおりました。しかしある朝，母親は，息子がチクタクと時を刻んでいないのに気づきました。それで母親は『息子が病気だ！』と叫ぶと，泣き出しました。父親は，『泣くのは止めなさい！お医者のところに連れて行かなければなりません』と言いました。

　時計の医者は『息子さんは病気ではありません。ただねじを巻くのを忘れただけです』と言いました。医者は男の子のねじを巻くと，その子はすぐさま，チクタクと時を刻み始めました。家族は再び全員そろって一日中楽しそうにチクタクと時を刻みました。

単語メモ （過＝過去形／過分＝過去分詞）

aber	しかし	Morgen *der*	朝
an	＜分離前つづり	müssen	‥ねばならない
an|fangen	始める	Mutter *die*	母親
auf	＜分離前つづり	nicht mehr	もはや‥でない
auf|hören	止める	nur	ただ
auf|ziehen	（ねじを）巻く	sagen	言う
aufzuziehen	aufziehen の zu 不定詞	schreien	叫ぶ
bemerken	気づく	schrie	＜ schreien の過
bringen	運ぶ	Sohn *der*	息子
Bub *der*	男の子（男性弱変化名詞）	Tag *der*	日
da	そこで	überhaupt nicht	全然‥でない
dass	‥のことを	Uhrendoktor *der*	時計の医者
einmal	かつて	Uhrenfamilie *die*	時計の家族
euer	君たちの	und	そして
Familie *die*	家族	unser	私たちの
fing	＜ fangen の過	Vater *der*	父親
fröhlich	楽しそうに	vergessen	忘れる（過分も同形）
ganz	すべての	war	＜ sein の過
ihn	彼を	weinen	泣く
ihr	彼女の	wieder	再び
krank	病気で（ある）	zog	＜ ziehen の過
machen	‥をする	zu	‥のところに
man	人は		

第20課 比較表現

Lektion zwanzig

Track 42

das	*schnelle* シュネレ	Auto アオトー	速い車
das	*schnellere* シュネレレ	Auto アオトー	より速い車 ← 比較級

上例の形容詞のところを見てください。下の方の名詞句では，形容詞と格語尾 -e との間に -er- が挿入されていますね。これは<u>比較級</u>を表すものなのです。この課では**比較表現**を学びます。

　　　　　　　　　　　　　　　　└─ 英語も *-er*

1 形容詞の比較変化

　はじめに，**比較級**と**最高級**（最上級と言うこともあります）の形を覚えましょう。英語に似ています。比較級は形容詞そのもの（原級）に **-er** を，最高級は **-st** を付けて作ります。語幹が -t で終わる形容詞では，口調上の e を挿入して **-est** にします。また，<u>ウムラウトするものもあるので</u>，注意してください。

原級		比較級	最高級
fleißig フライスィヒ	勤勉な	**fleißiger** フライスィガー	**fleißigst** フライスィヒスト
tief ティーフ	深い	**tiefer** ティーファー	**tiefst** ティーフスト
langsam ラングザーム	ゆっくり	**langsamer** ラングザーマー	**langsamst** ラングザームスト
kalt カルト	冷たい	**kälter** ケルター	**kältest** ケルテスト

口調上の e ↗

比較表現 **第20課**

比較変化が不規則のものもあります。典型的な例を挙げてみましょう。

gut グート	良い	**besser** ベッサー	**best** ベスト
hoch ホーホ	高い	**höher** ヘーアー	**höchst** ヘーヒスト
viel フィール	多い	**mehr** メーア	**meist** マイスト

→英 *good, better, best* 音が似ている

→英 *many, more, most* 音が似ている

2 名詞修飾としての用法

比較級・最高級の形容詞を<u>名詞の前に置く場合</u>，比較級・最高級の形（たとえば billiger，billigst）に原級の場合と**同一の格語尾**（たとえば -er, -en）を付加します。なお最高級では原則的に定冠詞を付けます。

ein *billig**er**es* Auto　（他のよりも）安い自動車
　　ビリゲレス　アオトー　　　　格語尾

das *billig**st**e* Auto　（三者以上の間で）一番安い自動車
　　ビリヒステ　　　　　格語尾

3 述語としての用法

2つのものを比較する場合には，形容詞を**比較級**にし，比較の対象は **als** ... 以下によって表します。

英 *than*

Sein Auto ist *schnell**er** als* mein Auto.
ザイン　アオトー　　シュネラー　アルス　　アオトー
彼の自動車は私の自動車よりも速い。

Der Fluss ist hier *tief**er** als* dort.
　　フルス　　　ヒーア　ティーファー　　ドルト
この川はここの方があそこよりも深い。

また，3つ以上のものを比較し，その中で「一番‥だ」という場合には**最高級**を用います。それには**定冠詞を伴う形式**と **am —sten** の形式の2種類があります。

定冠詞を伴う形式の場合，次の4種類があるのですが，それらのどの形を用いるかは，本来そこに置かれるべき名詞の性・数によって決められます。

> **der** —ste （男性・単数）
> **die** —ste （女性・単数）
> **das** —ste （中性・単数）
> **die** —sten（複数）

Er ist **der** *fleißig***ste** in dieser Klasse.
　　　　　　　フライスィヒステ　　ディーザー　クラッセ
彼はこのクラスの中でもっとも勤勉です。

Sie ist **die** *fleißig***ste** in dieser Klasse.
彼女はこのクラスの中でもっとも勤勉です。

最初の文では男性が，次の文では女性が問題になっています。ですので，それぞれ der —ste と die —ste が用いられているのです。

am —sten の形はそのまま述語として用いられます。
　Er ist **am** *fleißig***sten** in dieser Klasse.
　　　　　　　　フライスィヒステン
　（意味は上と同じ）

なお，この am —sten の形式は，考えられるいくつかの条件のなかで主語の状態を比べ，当該の条件の下で「一番‥だ」という場合にも用いられます。

　Der Fluss ist hier **am** *tief***sten**.
　　　フルス　　　ヒーア　　ティーフステン
　この川はここがもっとも深い。（この川のいろいろな所と比べて）
　　　　　　　　　　　　　　他のところでなく，「ここで」

比較表現 第20課

4 副詞の比較変化

動詞を修飾する副詞の比較表現の場合，比較級は -er，最高級は am —sten によって作ります。

schnell シュネル	速く	**schneller** シュネラー	**am schnellsten** シュネルステン
gut グート	上手に	**besser** ベッサー	**am besten** ベステン
gern ゲルン	喜んで	**lieber** リーバー	**am liebsten** リープステン

Das Auto fährt *schnell*er *als* mein Auto.
　　アオトー フェーアト　シュネラー
その自動車は私の自動車よりも速いです。

Das Auto fährt **am** *schnell***sten**.
　　アオトー　　　　　　　シュネルステン
その自動車は一番速く走ります。

5 原級による比較表現

最後に，優劣をつけることなく，「‥と同じ位‥だ」という比較表現を学びましょう。**so** ＋原級＋ **wie** という表現を用います。

Der Lehrer ist so alt wie mein Vater.
　　　　レーラー　　　　ソー アルト ヴィー　　　ファーター
先生は私の父と同い年です。

なお，so の前に nicht を付けて，**nicht so** ＋原級＋ **wie** とすると，「‥ほどは‥でない」という意味になります。

Hans ist nicht so dumm wie ich.　　ハンスは私ほど馬鹿ではない。
　　　　　　ニヒト　ソー　ドゥム　ヴィー

● 137

練習問題 15 （比較）

1 下線部にそれぞれ比較級と最高級の形を書きなさい（復習もかねて）。

			比較級	最高級
1)	billig ビリヒ	安い	_____	_____
2)	alt アルト	年とった	_____	_____
3)	schnell シュネル	速い	_____	_____
4)	schön シェーン	美しい	_____	_____
5)	gut グート	良い	_____	_____

2 （　）内の形容詞，副詞を，指示に従って適当な形にし，訳しなさい。

1) Frank ist (fleißig) als Hans.　　　　　　　　　　　　（比較級）
   フランク　フライスィヒ　アルス　ハンス

2) Japan ist im Herbst (schön).　　　　　　　　　　　　（最高級）
   ヤーパン　イム　ヘルプスト　シェーン

3) Haben Sie einen (billig) Computer?　　　　　　　　　（比較級）
   ハーベン　　　　　　ビリヒ　　コンピュータ

4) Wie viel kostet das (billig) Zimmer?　　　　　　　　（最高級）
   ヴィー フィール コステット　　ビリヒ　ツィンマー

5) Sprechen Sie bitte etwas (langsam)!　　　　　　　　（比較級）
   シュプレッヒェン　　ビッテ エトヴァス ラングザーム

6) Welcher Wein hat dir (gut) gefallen?　　　　　　　（最高級）
   ヴェルヒャー ヴァイン　ディーア グート　ゲファレン

単語メモ

als ‥より　billig 安い　bitte どうぞ　Computer *der* コンピュータ　dir < du の３格
etwas《比較級と》少し　fleißig 勤勉な　Frank 人名　gefallen gefallen「気に入る」の過去
分詞　gut よく　haben 完了の助動詞　Hans 人名　Herbst *der* 秋　im < in dem
Japan 日本　kosten ‥の値段です　langsam ゆっくり　schön 美しい　sprechen 話す
viel < wie viel　Wein *der* ワイン　welcher どの　wie viel どのくらい
Zimmer *das* 部屋

【文法補足 5】 nicht の位置

☆ 語句を日本語の順序で並べ，最後に来る「‥ない ＝ nicht」を否定したい語句の前に置き，次に動詞を第 2 位に移すことによって作ります。

　　　彼は　　□□□　　きょう　　□□□　　働か　　　　ない
　　　er　　　　　　　heute　　　　　　arbeiten　　nicht
　　　　　　　　　　　　　　　　　　　　アルバイテン

➡　er　　　　　　　　heute　　nicht　　arbeiten　　←nicht の移動

➡　Er　arbeitet　　heute　　nicht.
　　　　アルバイテット　ホイテ　　ニヒト

　　　彼は　　□□□　　奈良には　　住んでい　　ない
　　　er　　　　　　　in Nara　　wohnen　　nicht
　　　　　　　　　　　　　　　　　ヴォーネン

➡　er　　　　nicht　　in Nara　　wohnen　　←nicht の移動

➡　Er　wohnt　　nicht　　in Nara.
　　　　ヴォーント

《類例》

Ich kenne den Mann nicht.　　私はその男性を知りません。
　　ケンネ　　　　マン　　ニヒト

Ich spreche nicht Deutsch.　　私はドイツ語が話せません。
　　シュプレッヒェ　　　　　ドイチュ

Ich fahre heute nicht ab.　　私はきょう出発しません。
　　ファーレ　ホイテ　　　　アップ

Er hat die Prüfung nicht bestanden.
　　　　　　　プリューフング　　　　ベシュタンデン
彼は試験に合格しませんでした。

テキスト XIV — Die Mäuse und die Katze

Die Mäuse hielten eine Versammlung ab. Eine alte Maus fing an zu sprechen: „Seit kurzem[1] werden wir jede Nacht[2] von der Katze überfallen[3]." Eine ältere[4] Maus sagte: „Wir müssen sofort irgendeine Maßnahme treffen[5]."

Eine jüngere[4] Maus schlug vor: „Ich habe eine gute Idee. Wir hängen der Katze ein Glöckchen um."

Eine andere junge Maus sagte: „Gut! Dann wissen wir sofort, wenn die Katze kommt."

Alle Mäuse bewunderten diese Idee. Aber wie kann man der Katze ein Glöckchen umhängen? Als die Diskussion zu diesem Punkt kam, wurden alle Mäuse mäuschenstill.

ノート

1. **Seit kurzem** 「しばらく前から」。
2. **jede Nacht** 副詞的な4格で，「毎夜」。4格は副詞的にも用いられます。
3. **werden ... überfallen** überfallen の受動形で，「襲われる」。
4. **ältere / jüngere** それぞれ alt / jung の比較級。ここでは「他のものよりも年をとった／他のものよりも若い」という意味。
5. **treffen** eine Maßnahme treffen で「対策を講ずる」。

ねずみと猫

ねずみたちが集会を開きました。年老いたねずみが話し始めました：『最近，毎夜わたしたちは猫に襲われます。』比較的年をとったねずみが言いました：『わたしたちは即刻，なんらかの対抗策をとらねばなりません。』比較的若いねずみが提案をしました：『わたしに良い考えがあります。わたしたちは猫の首に鈴をつけるのです。』他の若いねずみが言いました：『その通りだ！そうすれば，猫の来るのがすぐわかる。』

どのねずみも，この考えに感心しました。しかし，どのようにしたら，猫の首に鈴をつけることができるのでしょうか。議論がこの点に至った時，どのねずみも黙ってしまいました。

単語メモ （過＝過去形／過分＝過去分詞／複＝複数形）

ab|halten	催す（過 hielt ... ab）	Maßnahme *die*	対策
all	すべての	Maus *die*	ねずみ
alt	年をとった	Mäuse	＜ Maus の複
ander	他の	mäuschenstill	静まりかえった
an|fangen	始める（過 fing ... an）	müssen	‥せねばならない
bewundern	感心する	Punkt *der*	点
dann	その時	sagen	言う
Diskussion *die*	議論	schlug	＜ schlagen の過
fing	＜ fangen の過	sofort	即刻
Glöckchen *das*	（小さな）鈴	sprechen	話す
gut	良い	überfallen	襲う（過分も同形）
hielten	＜ halten の過	um|hängen	‥の周りにかける
Idee *die*	考え	Versammlung *die*	集会
irgendein	ある	von	‥によって
jung	若い	vor|schlagen	提案する（過 schlug ... vor）
kann	＜ können	wenn	もし‥ならば
kam	＜ kommen の過	werden	‥になる；受動の助動詞
Katze *die*	猫	wie	どのように
kommen	来る	wissen	わかる
können	できる	wurden	＜ werden の過
man	人は	zu	‥に

第21課 関係文

Lektion einundzwanzig

Track 45

Hunde,	**die**	*bellen*,	beißen	nicht.
フンデ	関係代名詞	ベレン	バイセン	ニヒト
犬は		吠える	かむ	ない

吠える犬はかまない。

上文には bellen と beißen という2つの動詞があり，また，はじめの動詞 bellen の前には名詞がないのに，定冠詞（？）die が置かれていますね。実は，この die bellen は**関係文**で，die は関係代名詞，bellen は関係文の動詞なのです。この課では，関係文を学びます。

1 関係代名詞の格変化

　関係文は，主文の名詞を修飾する1つの副文です。上例では die bellen が主文の名詞 **Hunde** を修飾しているのです。関係文の作り方を学ぶ前に，まず関係代名詞の格変化を学ぶことにしましょう。太字のところ以外は，定冠詞と同一で，覚えるのには楽ですね。ただし，発音が少し異なります。

関係文 第21課

	男性	女性	中性	複数
1格	der (デーア)	die (ディー)	das (ダス)	die (ディー)
2格	**dessen** (デッセン)	**deren** (デーレン)	**dessen**	**deren** (デーレン)
3格	dem (デーム)	der	dem	**denen** (デーネン)
4格	den (デーン)	die	das	die

（定冠詞と違うところ／のばす）

2 関係文の作り方

　関係文は，**関係代名詞**を**文頭**に置き，その他は日本語と同一の順序（副文の語順，定形の動詞は文末！）で並べて作ります。関係文自体は，修飾される名詞，すなわち**先行詞**の後ろに置かれ，その前（後）はコンマで仕切られます。

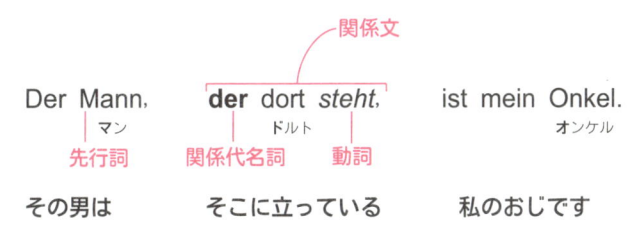

　　　　　　　　　　　　関係文
　　　　　　　┌─────────────┐
Der Mann,　　**der** dort *steht*,　ist mein Onkel.
（マン）　　　　（ドルト）　　　　　　　（オンケル）
先行詞　　　関係代名詞　動詞

その男は　　そこに立っている　　私のおじです

3 関係代名詞の形の決め方

　次に，**関係代名詞の形の決め方**ですが，これは，関係代名詞のところに本来置かれるべき名詞の性・数・格によって決められます。上例で，関係代名詞の代わりに名詞を入れるとするならば，それは dort steht の主語になる名詞ですから，男性単数1格の名詞 **der Mann** ですね（→ Der Mann steht dort.）。ですから，男性単数1格の関係代名詞 **der** が用いられているのです。

● 143

このように，関係代名詞の**性・数**は先行詞と同一で，**格**は関係代名詞が関係文において どのような役割を持つかによって決められるのです。いくつか具体例を見てみましょう。

Die Frau, **die** dort steht, ist meine Tante.　←1格
フラオ　ディー　ドルト　シュテート　　　マイネ　　タンテ
そこに立っている女性は私のおばです。

注：関係文 dort steht「そこに立っている」では，先行詞 die Frau（女性・単数）は主語（1格）です（**Die Frau** steht dort.「**女性が**そこに立っている」）。したがって，関係代名詞は女性・単数・1格の形 die になります。

Die Frau, mit **der** er tanzt, ist meine Mutter.　←3格
フラオ　　　　デーア　　タンツト　　　　ムッター
彼が一緒に踊っている女性は私の母です。

注：関係文 mit .. er tanzt「‥と彼はダンスをする」では，先行詞 die Frau（女性・単数）は前置詞 mit に支配される名詞（3格）です（Er tanzt mit **der Frau**.「彼が**女性と**ダンスをする」）。したがって，関係代名詞は女性・単数・3格の形 der。そして，前置詞とともに関係文の文頭に置きます。

4 不定関係代名詞 wer と was

　最後に，**wer** と **was** という2種類の**特別な関係代名詞**も学んでおきましょう。これらは形が疑問詞のwer「誰」，was「何」と同一ですが，先行詞を含む関係代名詞で，それだけで「‥するところの人［は］」あるいは「‥するところのもの［は］」という意味になるのです。これらは特に**不定関係代名詞**と呼びます。例文のイタリックの部分が1つの名詞と考えてください。

Wer nicht arbeiten will, soll nicht essen.
ヴェーア　　アルバイテン　ヴィル　ソル　　　　エッセン
働く意志のない者は食うべきでない。

Was du gesagt hast, ist nicht richtig.
ヴァス　　ゲザークト　　　　　　　リヒティヒ
君の言ったことは正しくない。

関係文　第21課

練習問題 16 （関係文）

下線部に適当な関係代名詞を入れ，訳しなさい。

1) Der Mann, _____ dort Tennis spielt, ist mein Vater.

2) Die Frau, _____ dort Tennis spielt, ist meine Mutter.

3) Kennen Sie den Mann, _____ dort Fußball spielt?

4) Ich suche die Uhr, _____ ich gestern gekauft habe.

5) Sie sucht das Buch, _____ sie gestern gekauft hat.

6) Der Mann, mit _____ sie da tanzt, ist unser Lehrer.

7) Die Frau, mit _____ er da Tennis spielt, ist unsere Lehrerin.

8) Mein Freund, _____ Eltern in Kioto wohnen, hat mich eingeladen.

単語メモ

Buch *das* 本　da そこで　dort そこで　eingeladen < einladen「招待する」の過去分詞
Eltern（複数形）両親　Frau *die* 女性　Freund *der* 友人　Fußball *der* サッカー
gekauft < kaufen「買う」の過去分詞　gestern 昨日　ist < sein「‥です」
kennen 知っている　Lehrer *der* 先生　Lehrerin *die* 女性教師　Mann *der* 男性
mein 私の　mich 私を　mit ‥と　Mutter *die* 母　spielen（スポーツなどを）する
suchen 探す　tanzen ダンスをする　Tennis *das* テニス　Uhr *die* 時計
unser 私たちの　Vater *der* 父　wohnen 住んでいる

テキスト XV — Der Klee

Eines Frühlingsabends stand ein Ainu-Mädchen — Ihama — am Ufer eines Sees in der Nähe ihres Dorfes. Über dem See stand der Mond, der[1] vorher voll und rund gewesen war[2]. Sie fragte den Mond: »Wie ist die Liebe? Ist die Liebe schön?«

Da beleuchtete plötzlich der Mond ein Boot auf dem See. Im Boot saß ein hübscher junger Mann. Er hieß Appa und wohnte im Dorf am anderen Ufer des Sees. Die beiden[3] verliebten sich sofort ineinander[4]. Aber ihre Eltern waren entschieden gegen die Heirat.

Ihama und Appa konnten sich[5] aber nicht vergessen. Trotz

ノート
1 **der** 関係代名詞で，先行詞は Mond です。
2 **gewesen war** 関係文の出来事 (voll und rund sein) が主文の出来事 (über dem See stehen) より以前のことであるため，過去完了形が用いられています。
3 **Die beiden** 「二人とも」。
4 **ineinander** 前置詞 in と einander「お互いに」の結合したもの。
5 **sich** この sich は相互代名詞で，「お互いを」/「お互いに」。

des Verbots der Eltern trafen sie sich jeweils am Abend nach dem Vollmond am See und versprachen sich[5] ewige Liebe. An einem solchen Abend fuhr Appa mit seinem Boot hinaus, um Ihama zu sehen. Als er aber die Mitte des Sees erreicht hatte[6], kam plötzlich ein Sturm auf, und sein Boot kenterte. Appa schwamm mit voller Kraft zum Ufer, aber kurz bevor[7] er es erreichte, ging ihm die Kraft aus. Nach einigen Stunden fand Ihama Appa tot am Ufer. Ihama weinte und weinte[8]. Als sie aber wusste, dass er nie wieder zum Leben erwachen[9] würde[10], band sie sich fest an seinen Körper und ging ins Wasser[11]. Am nächsten Morgen blühte am ganzen Ufer des Sees weißer Klee.

6　**erreicht hatte**　副文の出来事(die Mitte erreichen)が主文の出来事(Ein Sturm kommt auf.)よりも以前に起きたものであるため、過去完了形が用いられています。
7　**kurz bevor**　kurz は bevor にかかり、「‥のすぐ前に」。
8　**weinte und weinte**　動詞を繰り返すと、「泣きに泣く」という強調表現になります。
9　**zum Leben erwachen**　「生き返る」。
10　**würde**　次課で習う接続法です。ここでは「‥だろう」という意味だと解釈しておいてください。
11　**ging ins Wasser**　ins Wasser gehen で「入水する」。

クローバー

　ある春の晩，アイヌの娘イハマが彼女の村の近くの湖畔に立っておりました。

　湖の上には，昨晩満月の輝きをはなっていた月がかかっておりました。彼女は月に向かって尋ねました：「愛ってどんなもの？　愛ってステキなもの？」

　その時急に月は湖の上のボートを照らし出しました。ボートには顔立ちの良い若者が座っておりました。その若者はアッパという名で，湖の向こう岸の村に住んでおりました。ふたりはすぐに恋におちました。しかしどちらの親も結婚に強く反対しました。

　イハマとアッパはしかしお互いを忘れることができませんでした。親の禁止にもかかわらず，ふたりは満月の次の晩にいつも湖畔で会い，永遠の愛を誓い合いました。

　そのようなある晩，アッパは，イハマに会うために，ボートで漕ぎ出しました。しかし彼が湖の中ほどまでたどりついた時，突然，突風が起き，ボートがひっくり返ってしまいました。アッパは岸に向かって力一杯泳いだのですが，岸にたどり着くほんの少し手前で力尽きてしまいました。

　数時間後，イハマはアッパが岸辺で死んでいるのを見つけました。イハマは泣いて泣いて，泣き続けました。しかしアッパがもう二度と生き返らないことがわかった時，イハマは自分の身体をしっかりとアッパの身体にしばりつけ，水の中に入って行きました。

　次の朝，湖の岸辺一帯に白いクローバーが咲いておりました。

単語メモ (過＝過去形／複＝複数形)

Abend *der*	晩	können	‥できる
als	‥の時	konnte	können の過
ander	他の	Körper *der*	身体
auf	<分離前つづり	Leben *das*	生命
auf|kommen	起こる	Liebe *die*	愛
(過 kam ... auf)		Mann *der*	男性
aus	<分離前つづり	Mond *der*	月
aus|gehen	尽きる	nach	‥の後に
(過 ging ... aus)		nächst	次の
band	<binden の過	Nähe *die*	近く
beide	両方の	nie	けっして‥ない
beleuchten	照らす	rund	丸い
binden	結ぶ	saß	<sitzen の過
blühen	咲いている	schon	すでに
Boot *das*	ボート	schön	美しい
da	その時に	schwamm	<schwimmen の過
Dorf *das*	村	schwimmen	泳ぐ
einige	いくつかの	See *der*	湖
Eltern (複)	両親	sehen	会う
entschieden	きっぱりと	sein	‥である
erreichen	たどり着く	sitzen	座っている
(過 erreichte)		stand	<stehen の過
erwachen	目覚める	stehen	昇っている
ewig	永遠の	Stunde *die*	時間
fand	<finden	Sturm *der*	突風
fest	しっかりと	tot	死んでいる
finden	見つける	trotz	‥にもかかわらず
fragen	尋ねる	Ufer *das*	岸
fuhr	<fahren の過	um	‥ために
ganz	全部の	Verbot *das*	禁止
gegen	‥に反対して	vergessen	忘れる
ging	<gehen の過	verlieben《sich と》	恋におちる
Heirat *die*	結婚	versprach	<versprechen の過
heißen	‥という名前である	versprechen	約束する
hieß	<heißen の過	voll	いっぱいの
hinaus	<分離前つづり	vorher	以前に（前日に）
hinaus|fahren	漕ぎ出す	war	<sein の過
(過 fuhr...hinaus)		Wasser *das*	水
hübsch	ハンサムな	weinen	泣く
ihnen	彼らに	weiß	白い
jeweils	その都度	wie	どのような
jung	若い	wieder	再び
kam	<kommen の過	wissen	知っている
kentern	ひっくり返る	wohnen	住んでいる
Klee *der*	クローバー	wusste	<wissen の過

第22課

Lektion zweiundzwanzig

接続法

Track 47

<small>いよいよ最後だ！</small>

> Er sagte, er **lerne** gern Deutsch.
> ザークテ　　　　レルネ　　　　ゲルン　　ドイチュ
> 彼は　言った　彼は　学ぶ　　喜んで　ドイツ語を
>
> 彼は，ドイツ語を学ぶのが好きだと言いました。

<small>er lernt のはず？</small>　　<small>ここまで学んできたのが「直説法」でした</small>

上例で太字にした動詞の形 lerne は少しおかしいですね。主語が er なのに，語尾が e になっています。これは**接続法**と呼ばれる，動詞の『最後』の形なのです。これで動詞の形はすべて学び終わったことになります。

1　接続法

私たちは，「○は×だ」とか「○さんは×をした」などと，事実をありのままに述べるだけではなく，「もし○が×ならば」とか「○さんは×をしたと（言っている）」のように，事実とは逆のことを述べたり，他人の言葉を引用することもあります。このような場合に用いられるのが**接続法**なのですが，用法の詳しいことは 4 で学ぶことにし，まず**接続法の作り方**から学ぶことにしましょう。接続法の形には**第 1 式**と**第 2 式**の 2 種類があります。

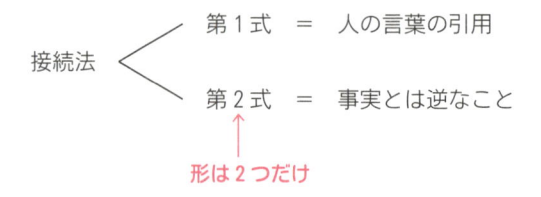

<small>直説法</small>

```
              ┌─ 第 1 式　＝　人の言葉の引用
    接続法 ──┤
              └─ 第 2 式　＝　事実とは逆なこと
                    ↑
                形は 2 つだけ
```

接続法 **第22課**

→動詞の現在人称変化が分かっていれば簡単

2 接続法第1式

まず，**第1式**ですが，第1式の人称変化は，不定形の語幹に次のような変化語尾を付けて作ります。

ich	-e	wir	-en
du	-est	ihr	-et
Sie	-en	Sie	-en
er	-e	sie	-en

では具体的に第1式の人称変化を見てみましょう。

例外はこれ1つ

不定形	lernen 学ぶ	kommen 来る	haben 持っている	sein …である
ich	lern-e レルネ	komm-e	hab-e ハーベ	sei ザイ
du	lern-est レルネスト	komm-est コメスト	hab-est ハーベスト	sei-[e]st ザイ[エ]スト
Sie	lern-en	komm-en	hab-en	sei-en
er	lern-e	komm-e	hab-e	sei
wir	lern-en レルネン	komm-en	hab-en ハーベン	sei-en ザイエン
ihr	lern-et レルネット	komm-et コメット	hab-et ハーベット	sei-et ザイエット
Sie	lern-en	komm-en	hab-en	sei-en
sie	lern-en	komm-en	hab-en	sei-en

（eが入る／同じ形）

動詞 sein だけが例外ですが，これまで学んできた直説法と比べると，人称語尾に e がかならず含まれているのが特徴です。

● 151

3 接続法第2式

→過去形が分かっていれば簡単

第2式の作り方は，規則動詞と不規則動詞とで異なります。**規則動詞**の場合は，接続法の形が直説法の過去形とまったく同一になります。過去形の人称変化がすらすら言えますか。言えない人はもう一度102ページの過去形の作り方のところを読んでください。過去形をマスターした人は，次の人称変化は問題がないはずです。語学は積み重ねだと言われるのも，こういうことに出くわすとよく分かりますね。規則動詞の第2式の人称変化は，次のようになります。

→過去形= lernte 語幹＋te

lernen レルネン 学ぶ	ich	lern-**te** レルンテ	wir	lern-**ten**
	du	lern-**test** レルンテスト	ihr	lern-**tet** レルンテット
	Sie	lern-**ten** レルンテン	Sie	lern-**ten**
	er	lern-**te**	sie	lern-**ten**

語幹が -d, -t で終わる動詞の場合，口調上の e を挿入した形になります。復習にもなるので事例を挙げてみます。

→過去形= wartete 語幹＋ete

warten ヴァルテン 待つ	ich	wart**ete** ヴァルテテ	wir	wart**eten**
	du	wart**etest** ヴァルテテスト	ihr	wart**etet** ヴァルテテット
	Sie	wart**eten** ヴァルテテン	Sie	wart**eten**
	er	wart**ete**	sie	wart**eten**

接続法 第22課

不規則動詞の場合，接続法の形は，過去形の幹母音を**ウムラウト**させられるもの (a, o, u) はウムラウトさせた上で (ä, ö, ü)，それに151ページの接続法語尾を付けたものです。ただし，過去形が **-e** に終わるものの場合は人称語尾の e を省きます。

不定形	kommen →kam	sein →war	haben →hatte	werden →wurde	語尾
ich	käm-e ケーメ	wär-e ヴェーレ	hätte ヘッテ	würde ヴュルデ	-[e]
du	käm-est ケーメスト	wär-[e]st ヴェーレスト	hätte-st ヘッテスト	würde-st ヴュルデスト	-[e]st
Sie	käm-en ケーメン	wär-en ヴェーレン	hätte-n ヘッテン	würde-n ヴュルデン	-[e]n
er	käm-e	wär-e	hätte	würde	-[e]
wir	käm-en	wär-en	hätte-n	würde-n	-[e]n
ihr	käm-et ケーメット	wär-[e]t ヴェーレット	hätte-t ヘッテット	würde-t ヴュルデット	-[e]t
Sie	käm-en	wär-en	hätte-n	würde-n	-[e]n
sie	käm-en	wär-en	hätte-n	würde-n	-[e]n

接続法の特徴のひとつ ä ö ü

4 用法

接続法の用法は，細かなものも入れると数多くありますが，ここでは重要な2つの用法，**間接話法**と**非現実話法**のみを扱うことにしましょう。

① **間接話法**

間接話法は，ある発話や考えを紹介的に取りあげ，間接的に述べることを表しますが，これは主に**第1式**を用います。ただし，その形が直説法現在と同形の場合は第2式を用います。実例を見てみましょう。接続詞 dass を用いる場合と用いない場合と

● 153

があります。

Er sagte, { dass er kein Geld **habe**.
　　　　　　 er **habe** kein Geld. }　← 100億持っているかもしれないが，とにかく彼はそう言っているということを示す

彼は，金を持っていないと言いました。

Er sagte, { dass ich keinen Mut **hätte**.
　　　　　　 ich **hätte** keinen Mut. }　← 接・1は ich ... habe 直説法と区別がつかないから第2式にする

彼は，私には勇気がないと言いました。

② **非現実話法**

　非現実話法とは，事実の事柄と反対の事柄を取りあげ，実現されない**非現実**のこととして述べることを指します。この場合，「もし‥ならば」という仮定的条件の部分と「‥だろうに」という帰結の部分に**第2式**を用います。

Wenn ich Geld **hätte**, **kaufte** ich ein Haus.
もしお金があれば，家を買うのだが。（← お金がないから買えない）

Wenn ich Zeit **hätte**, **ginge** ich ins Konzert.
時間があれば，私はコンサートに行くのだが。（← 時間がないから行けない）

5　würde による言い換え

　現代のドイツ語では，第2式を不定形の動詞と würde の組み合わせによって言い換えることが頻繁に行われます。第2式の形態が直説法のそれと同一の場合は特に würde の形式が好まれます。**4** ②の例は次のように言い換えられます。

Wenn ich Geld hätte, **würde** ich ein Haus **kaufen**.

Wenn ich Zeit hätte, **würde** ich ins Konzert **gehen**.

接続法 第22課

6 接続法の過去　→完了の形を使う

今まで学んできた形は，「‥だと（言った）」とか「‥ならば，‥だろうに」のように，現在のこと（文脈・主文と同時的なこと）を表すものですが，「‥**だった**と（言った）」とか「‥**だった**ならば，‥**だった**だろうに」のように，過去のことを表す場合には，過去分詞と **haben/sein** の第1式・第2式の組み合わせを用います。これらは，直説法現在完了・過去完了からの派生形なのです。したがって，直説法で完了形を haben によって作る動詞はやはり haben の接続法と，直説法で完了形を sein によって作る動詞はやはり sein の接続法と組み合わせられます。念のため，人称変化を挙げてみましょう。

第1式過去

ich	habe		sei	
	ハーベ		ザイ	
du	habest		sei[e]st	
	ハーベスト		ザイエスト	
Sie	haben		seien	
	ハーベン		ザイエン	
er	habe	... gekauft	sei	... gekommen
		ゲカオフト		ゲコンメン
wir	haben		seien	
ihr	habet		seiet	
	ハーベット		ザイエット	
Sie	haben		seien	
sie	haben		seien	

　　　　　　　　　　　　　　　　　　　　　　　　過去分詞↓

Er sagte, dass er früher Lehrer **gewesen sei**.
　ザークテ　　　　フリューアー　レーラー　ゲヴェーゼン　ザイ
彼は，以前先生をしていたと言いました。

第 2 式過去

ich	hätte ヘッテ		wäre ヴェーレ
du	hättest ヘッテスト		wärest ヴェーレスト
Sie	hätten ヘッテン		wären ヴェーレン
er	hätte	... gekauft	wäre
wir	hätten		wären
ihr	hättet ヘッテット		wäret ヴェーレット
Sie	hätten		wären
sie	hätten		wären

er hätte ... gekauft / wäre ... gekommen

Wenn er Geld gehabt **hätte**, **wäre** er nach Deutschland
ヴェン　　　　　　ゲハープト　　　　　　　　ナーハ　　ドイチュラント
gefahren.　過去分詞
ゲファーレン

もしお金があったならば，彼はドイツへ行ったことでしょう。

以上でドイツ語の基礎的な部分の説明は終わりです。よく頑張りましたね。後，練習問題とテキストが残っていますが，これからもゆとりを持ってドイツ語を楽しく学んでくださいね。

では，さようなら！　ABCDEFG...

接続法 **第22課**

練習問題 17 （接続法）

1 （ ）内の動詞を接続法の形にし，訳しなさい。

1) Er sagte, dass er Kopfschmerzen (haben).

2) Ich wurde gefragt, ob ich davon etwas (wissen).

2 まず引用符の付いた文を訳し，次に，それを間接話法に直した文の下線部に適当な動詞の形を入れなさい。

1) Sie sagte：„Ich muss nach Hause gehen."

   → Sie sagte, dass sie nach Hause gehen ＿＿＿＿＿．

2) Er sagte：„Ich war nicht zu Hause."

   → Er sagte, dass er nicht zu Hause ＿＿＿＿＿．

3 次の（ ）内の動詞を接続法の形にし，訳しなさい。

1) Wenn du Zeit (haben), (können) wir ins Kino gehen.

2) Wenn ich nicht erkältet (sein), (werden) ich an dem Ausflug teilnehmen.

3) Wenn der Bus pünktlich gekommen (sein), (haben) wir den Zug nicht verpasst.

単語メモ （過＝過去形／過分＝過去分詞）

Ausflug *der* ハイキング　　Bus *der* バス　　davon それについて　　erkältet 風邪を引いている　　etwas なにか　　gefragt < fragen「尋ねる」の過分　　gehen 行く　　gekommen < kommen「来る」の過分　　Haus *das* 家（nach Hause「家へ」, zu Hause「家で」）　　ins < in das　　Kino *das* 映画館　　können ‥することができる　　Kopfschmerzen（複数形）頭痛　　muss < müssen「‥しなければならない」　　ob ‥かどうか　　pünktlich 定刻に　　sagte < sagen「言う」の過　　teilnehmen 参加する　　verpasst < verpassen「乗り遅れる」の過分　　war < sein「‥にいる」の過　　wenn もし‥ならば　　wissen 知っている　　wurde < werden の過　　Zeit *die* 時間　　Zug *der* 列車

テキスト XVI — Silvester-Ansprache[1]

〉会話のシチュエーション〈

日本人の Haruo さんは，ドイツ人の女性と同棲しております。大みそかの夜，一年を振り返って何となくうかない顔をしている Haruo さんを，「否，決して悪いことばかりではなかった。良いこともたくさんあったではないか」とドイツ人の女性が慰めるというお話です。

ドイツ人の女性：Also, Haruo, du kannst gar nicht über das alte Jahr[2] klagen. Als du das Magengeschwür bekommen hattest, konntest du im besten Zimmer des Krankenhauses kostenlos liegen, weil dein Arzt bei der Operation ein Messer in deinem Magen hatte liegen lassen[3].

Haruo さん：………

ノート

1 **Silvester-Ansprache** Silvester は「大みそか」のこと。Ansprache は「話し合い」を意味します。全体として一年の最後の日12月31日に特に夫婦がその一年を振り返り，お互いに腹に持っていることをすべてうちあけ，話し合うことを指します。

2 **das alte Jahr**「旧年」。大みそかはまだその年の一部ですが，心理的にはその年をすでに旧年と呼ぶのも分かりますね。

3 **hatte liegen lassen** liegen lassen で「置き忘れる」を意味し，その過去完了形。副文内の定形の語順として liegen lassen hatte になりそうですが，不定形が二つ並列するときの規則として … hatte liegen lassen となるのです。

ドイツ人の女性：Dann haben wir den Volkswagen sehr billig kaufen können, nur weil ich mit dem Verkäufer zwei Wochen nach Baden-Baden gefahren bin.

Haruo さん：………

ドイツ人の女性：Dann sind dir⁴ beim Verkehrsunfall genau drei Zähne abgebrochen. Wenn dir⁴ nur zwei Zähne abgebrochen wären, hätten wir mit dem Schmerzensgeld von der Versicherung nicht den Computer kaufen können.

Haruo さん：………

ドイツ人の女性：Und außerdem hat deine Frau einen anderen Mann gefunden, und jetzt kannst du mich endlich heiraten. Ich weiß wirklich nicht, warum du über das alte Jahr klagst.

4　**dir**　所有の3格で，Zähne にかかり，「君の歯」の意味になります。

大みそかの話し合い

ドイツ人の女性：ねえ，Haruo，あんたがこの一年のこと嘆く理由なんて何にもないのよ。
胃潰瘍(いかいよう)になった時だって，お医者さんが手術の際，メスをお腹に置き忘れてくれたので，無料で病院中の一番良い部屋に入ることができたじゃないの。

Haruo さん：………

ドイツ人の女性：それから私たちのフォルクスワーゲンだって，私がセールスマンと二週間バーデン・バーデンに行っただけで，非常に安く買えたじゃないの。

Haruo さん：………

ドイツ人の女性：それから自動車事故の時も，あんた，ちょうど歯を三本折ったでしょ。もし二本しか折れなかったら，保険会社の賠償金でパソコンなんか買えなかったのよ。

Haruo さん：………

ドイツ人の女性：それからまだまだ，あんたの奥さんも別の男を見つけて，今あんたは私ととうとう結婚できるじゃないの。なんであんたがこの一年のことを嘆くのか私には本当に分からないわ。

単語メモ （過＝過去形／過分＝過去分詞／複＝複数形）

ab|brechen	折れる	drei	3つの
abgebrochen	＜ abbrechen の過分	endlich	やっと
als	‥時に	fahren	（乗物で）行く
also	それだから	finden	見つける
alt	古い	Frau *die*	奥さん
ander	他の	gar《nicht と》	全然(‥ない)
Arzt *der*	医者	gefahren	＜ fahren の過分
bei	‥の際に	gerade	ちょうど
bekommen	受け取る	hatte	＜ haben の過
best	最善の	Jahr *das*	年
billig	安い	jetzt	今
Computer *der*	コンピュータ	kannst	＜ können
dann	それから	kaufen	買う

können	‥できる	Volkswagen *der*	フォルクスワーゲン
konnte	< können の過	von	‥から
kostenlos	無料で	warum	なぜ
lassen	‥のままにする	weil	‥なので
liegen	横になっている；置いてある	weiß	< wissen
Magen *der*	胃	wenn	もし‥ならば
Mann *der*	男	wirklich	本当に
Messer *das*	メス	wissen	知っている
mit	‥で；‥と一緒に	Woche *die*	週
nach	‥へ	Wochen	< Woche の複
nur	ただ	Zahn *der*	歯
sehr	とても	Zähne	< Zahn の複
über	‥について	Zimmer *das*	部屋
Versicherung *die*	保険［会社］	zwei	2つの

* **参照** Volkswagen：ドイツの誇る大衆車，かぶと虫に似ているのでこの車のことをKäfer［ケーファー］ *der* とも呼びます。

大みそかの会話を扱ったところで，クリスマス，新年のお祝いの言葉をいくつか挙げてみます。

> Frohe Weihnachten！　　　　　　　　クリスマスおめでとう！
> フローエ　　ヴァイナハテン
>
> Ein fröhliches Weihnachten！　　　　クリスマスおめでとう！
> 　　　　フレーリッヒェス
>
> Prosit Neujahr！　　　　　　　　　　新年おめでとう！
> プローズィット　ノイヤール
>
> Trinken Sie nicht so viel！　　　　　　お酒をあまり飲まないようにね！
> トリンケン　　　　　　ソー フィール

【補足記事】ドイツ語の数字

「**1**」は **eins**：［ア**イ**ンス］と発音します。ei はアイと発音することはもうすでにしっかり頭に入っていますか。不定冠詞と同じつづりですが，-s のあることに注意してください。ただし，eines ではなく，eins です。またくれぐれも，［エインス］と読まないでください。

「**2**」は **zwei**：z は［ツ］，w は［ヴ］ですから，［ツ**ヴァ**イ］と発音します。

「**3**」は **drei**：［ド**ラ**イ］と発音します。

「**4**」は **vier**：v は［フ］，ie は［イー］と発音されるのでしたね。また，語尾の -r は母音化しますから，［**フィ**ーア］と発音されます。

「**5**」は **fünf**：口を十分に突き出し，［**フュ**ンフ］と発音してください。

「**6**」は **sechs**：母音の前の s は，有声音ですね。chs は［クス］と発音しますから，全体で［**ゼ**ックス］。［セックス］にならないように注意。

「**7**」は **sieben**：［**ズィ**ーベン］と発音します。

「**8**」は **acht**：a, o, u, au の後ろの ch は［ハ］と発音するのでしたね。ですから［**ア**ハト］と発音されます。くれぐれも［アチト］とか［アヒト］とかならないでください。

「**9**」は **neun**：eu は［オイ］。［**ノ**イン］と発音されます。

「**10**」は **zehn**：（母音の後ろに置かれる）h はその前の母音を長く発音させるための記号でしたね。［**ツェ**ーン］と発音されます。

ここで「1」から「10」までのつづりと発音とをまとめてみましょう。

1 eins アインス	2 zwei ツヴァイ	3 drei ドライ	4 vier フィーア	5 fünf フュンフ
6 sechs ゼックス	7 sieben ズィーベン	8 acht アハト	9 neun ノイン	10 zehn ツェーン

次に「11」から「20」までです。

「**11**」は **elf**：［**エ**ルフ］と発音します。

「**12**」は **zwölf**：［**ツ**ヴェルフ］と発音します。zwei の zw［ツヴ］と同じです。

「**13**」以下は少しずれがありますが，原則として1桁の数字に -zehn を添えてゆけばよいのです。「13」は **dreizehn**：［**ド**ライツェーン］と発音します。

$$13 = 3 + 10$$
$$\text{dreizehn} \quad \text{drei-} \quad \text{zehn}$$

「**14**」は **vierzehn**：ただし vier- が短く［フィル］となり，［**フィ**ルツェーン］と発音します。

「**15**」は **fünfzehn**：すなおに［**フュ**ンフツェーン］と発音します。

「**16**」は **sechzehn**：「6」は sechs ですが，-s がとれるのです。そして［**ゼ**ヒツェーン］と発音します。［ヒ］に注意してください。

「**17**」は **siebzehn**：「7」は sieben ですが，それから語尾の -en をとり，sieb- と zehn を結び付けます。発音も［ズィープ］と［プ］の音になり，［**ズィ**ープツェーン］と発音します。

「**18**」は **achtzehn**：ただし発音は［アハトツェーン］ではなく，-t- と -z- をくっつけて［ツ］と読み，［**ア**ハツェーン］と発音します。

「**19**」は **neunzehn**：発音も［**ノ**インツェーン］と原則のとおりです。

「**20**」は -zehn ではなく，-zig［ツィヒ］を付けます。ただ zweizig ではなく，**zwanzig** とつづります。発音は［**ツ**ヴァンツィヒ］となります。

11	elf	12	zwölf	13	dreizehn	14	vierzehn
	エルフ		ツヴェルフ		ドライツェーン		フィルツェーン
15	fünfzehn	16	sechzehn	17	siebzehn	18	achtzehn
	フュンフツェーン		ゼヒツェーン		ズィープツェーン		アハツェーン
19	neunzehn	20	zwanzig				
	ノインツェーン		ツヴァンツィヒ				

次に21以上の数です。まず，10の位の数ですが，これは原則的に基数に -zig を付けて作ります。ただし，30だけが -ig を付けます。

また40，80では発音，60，70ではつづりと発音に注意してください。20も念のため挙げておきます。

20	zwanzig	[ツヴァンツィヒ]	30	dreißig	[ドライスィヒ]
40	vierzig	[フィルツィヒ]	50	fünfzig	[フュンフツィヒ]
60	sechzig	[ゼヒツィヒ]	70	siebzig	[ズィープツィヒ]
80	achtzig	[アハツィヒ]	90	neunzig	[ノインツィヒ]

次にそれぞれの間の数を見てみましょう。原則は<u>1の位の数を先に言い，次に **und** を入れ，それから10の位の数を言う</u>のです。すなわち『1位の数 und 10位の数』になるのです。ただし1が eins でなく，ein になることに注意してください。

21 einundzwanzig
 アイン・ウント・ツヴァンツィヒ

22 zweiundzwanzig
 ツヴァイ・ウント・ツヴァンツィヒ

33 dreiunddreißig
 ドライ・ウント・ドライスィヒ

34 vierunddreißig
 フィーア・ウント・ドライスィヒ

44 vierundvierzig
 フィーア・ウント・フィルツィヒ

55 fünfundfünfzig
 フュンフ・ウント・フュンフツィヒ

56 sechsundfünfzig
 ゼックス・ウント・フュンフツィヒ

67 siebenundsechzig
 ズィーベン・ウント・ゼヒツィヒ

78 achtundsiebzig
 アハト・ウント・ズィープツィヒ

89 neunundachtzig
 ノイン・ウント・アハツィヒ

100以上の数は次のようになります。

100	[ein]hundert	[[アイン]・フンダート]
201	zweihunderteins	[ツヴァイ・フンダート・アインス]
964	neunhundertvierundsechzig	
		[ノイン・フンダート・フィーア・ウント・ゼヒツィヒ]
1 000	[ein]tausend	[[アイン]・タオゼント]
10 000	zehntausend	[ツェーン・タオゼント]
100 000	hunderttausend	[フンダート・タオゼント]
1 000 000	eine Million	[アイネ・ミリオーン]

コーヒーブレイク 6

Tier と Frucht

Tier　Tier［ティーア］を辞書で引きますと，たいてい「動物」という訳語が挙げられています。日本語で「動物」と言うと，ふつうはライオンとかサルとかの獣類を思い浮かべるでしょうが，ドイツ語の Tier は少し違うようです。ある小説でシラミ（Laus［ラオス］）のことを，「一匹一匹殺すのは大変だ。この Tier は固くて‥」と描写していました。これは決して特殊な事例ではなく，燕（つばめ），鰻（うなぎ），蝶々（ちょうちょう）なども Tier によって言い換えてある文例を探すことができるのです。すなわちドイツ語の Tier は，日本語の「動物」と異なり——ある程度文脈に依存する面もありますが——4本足のものだけでなく，昆虫も魚も鳥も指すことができ，いわゆる生物学的分類範疇（はんちゅう）としての動物に近いのです：

Tier：動物，ただし4本足のものだけではなく，昆虫，魚，鳥なども指しうる。

Frucht　Frucht［フルフト］をある辞書で引きますと，「果実，くだもの，木の実」という訳語が挙げられていますが，トマトもピーマンも，Frucht なのです。これらは，果実でも木の実でもなく，野菜ですね。Frucht とは，「果実」や「木の実」を個別に指示するものではなく，それらの内包する上位概念：「実」のことなのです。「実」という日本語はあまりパッとしませんが，「実をつける」：Früchte tragen［フリュヒテ　トラーゲン］などの「実」なのです：

Frucht：実，たとえば果物（くだもの），木の実，野菜の実，穀物の実など。

ドイツ語も日本語も，それぞれ異なった，何千年もの歴史を背負ってきょうまで続いている言語です。したがって，意味の似ている単語も細かなところでは微妙に異なっていても当然ですね。たぶんだからこそ，外国語を学ぶのが楽しいのかも知れません。ドイツ語を学ぶのが早く楽しくなるといいですね。

練習問題 ―――――――――――――― 解 答 編

練習問題 1（人称変化）

① | 不定形 | *kochen* | *singen* | *trinken* |
|---|---|---|---|
| *ich* | **koche** | **singe** | **trinke** |
| *du* | **kochst** | **singst** | **trinkst** |
| *Sie* | **kochen** | **singen** | **trinken** |
| *er* | **kocht** | **singt** | **trinkt** |
| *wir* | **kochen** | **singen** | **trinken** |
| *ihr* | **kocht** | **singt** | **trinkt** |
| *Sie* | **kochen** | **singen** | **trinken** |
| *sie* | **kochen** | **singen** | **trinken** |

② 1) **t**　：彼は料理が好きです。
　 2) **en**　：あなたは料理が上手です。
　 3) **t**　：彼は歌を歌うのが好きです。
　 4) **st**　：君は歌が上手です。
　 5) **en**　：彼ら（彼女）らはお茶を飲んでいます。
　 6) **e**　：私はコーヒーを飲むのが好きです。
　 7) **t**　：彼はいつもサッカーをしています。
　 8) **en**　：私たちはサッカーをするのが好きです。

練習問題 2（格変化）

① | | *der* | *Freund* | *die* | *Rose* | *das* | *Buch* |
|---|---|---|---|---|---|---|
| 2 格 | **des** | **Freund[e]s** | **der** | **Rose** | **des** | **Buch[e]s** |
| 3 格 | **dem** | **Freund** | **der** | **Rose** | **dem** | **Buch** |
| 4 格 | **den** | **Freund** | **die** | **Rose** | **das** | **Buch** |
| | *ein* | *Freund* | *eine* | *Rose* | *ein* | *Buch* |
| 2 格 | **eines** | **Freund[e]s** | **einer** | **Rose** | **eines** | **Buch[e]s** |
| 3 格 | **einem** | **Freund** | **einer** | **Rose** | **einem** | **Buch** |
| 4 格 | **einen** | **Freund** | **eine** | **Rose** | **ein** | **Buch** |

② 1) **er**　：鳥は速く飛びます。
　 2) **ie**　：母は料理が上手です。

3) e　　　：私はメガネを探しています。
　　4) （なし）：彼は本を買います。
　　5) en　　　：私たちはリンゴを食べます。
　　6) em / e　：彼はその女の子にバラを贈ります。

練習問題 3（前置詞）
① 1) er　　　：彼は女子学生とダンスをします。
　　2) em / em：食事の後に彼は家を出ます。
　　3) em　　：教会は公園の向かい側にあります。
　　4) er　　　：彼は町のはずれに家を買います。
　　5) en　　　：私たちはテーブルを囲んで座っています。
② 1) er　　　：彼は教会の前に立っています。
　　2) en　　　：私は木の後ろに行きます。
　　3) en　　　：彼はその本をテーブルの上に置きます。
　　4) em　　：私たちは先生の隣に座っています。
　　5) er　　　：彼女はドアのそばに立っています。

練習問題 4（複数形）
① *der*　Freund　　　　*die*　Uhr
　　die　**Freunde**　　　**die**　**Uhren**
　　der　**Freunde**　　　**der**　**Uhren**
　　den　**Freunden**　　**den**　**Uhren**
　　die　**Freunde**　　　**die**　**Uhren**
　　das　Kind　　　　　*das*　Hotel
　　die　**Kinder**　　　　**die**　**Hotels**
　　der　**Kinder**　　　　**der**　**Hotels**
　　den　**Kindern**　　　**den**　**Hotels**
　　die　**Kinder**　　　　**die**　**Hotels**
② 1) **die Kinder**　　　：父親は子どもたちを愛しています。
　　2) **den Studenten**　：私は学生たちにリンゴを与えます。
　　3) **Die Vögel**　　　：鳥たちが森でさえずっています。
　　4) **der Kinder**　　　：その子どもたちの父親はお金持ちです。

練習問題 5（冠詞類）

単数	1格	dieser	Hund	seine	Katze	
	2格	dieses	Hund[e]s	seiner	Katze	
	3格	diesem	Hund	seiner	Katze	
	4格	diesen	Hund	seine	Katze	
複数	1格	diese	Hunde	seine	Katzen	
	2格	dieser	Hunde	seiner	Katzen	
	3格	diesen	Hunden	seinen	Katzen	
	4格	diese	Hunde	seine	Katzen	
単数	1格	unser	Lehrer	welches	Buch	
	2格	uns[e]res	Lehrers	welches	Buch[e]s	
	3格	uns[e]rem	Lehrer	welchem	Buch	
	4格	uns[e]ren	Lehrer	welches	Buch	
複数	1格	uns[e]re	Lehrer	welche	Bücher	
	2格	uns[e]rer	Lehrer	welcher	Bücher	
	3格	uns[e]ren	Lehrern	welchen	Büchern	
	4格	uns[e]re	Lehrer	welche	Bücher	

練習問題 6（形容詞）

1)
der	große	Hund	die	großen	Hunde
des	großen	Hund[e]s	der	großen	Hunde
dem	großen	Hund	den	großen	Hunden
den	großen	Hund	die	großen	Hunde

2)
die	kleine	Katze	die	kleinen	Katzen
der	kleinen	Katze	der	kleinen	Katzen
der	kleinen	Katze	den	kleinen	Katzen
die	kleine	Katze	die	kleinen	Katzen

3)
mein	guter	Freund	meine	guten	Freunde
meines	guten	Freund[e]s	meiner	guten	Freunde
meinem	guten	Freund	meinen	guten	Freunden
meinen	guten	Freund	meine	guten	Freunde

練習問題 **7**（分離動詞）

① Ich   gehe   mit einem Freund   aus.
　Du   gehst   mit einem Freund   aus.
　Sie   gehen   mit einem Freund   aus.
　Er   geht   mit einem Freund   aus.
　Wir   gehen   mit einem Freund   aus.
　Ihr   geht   mit einem Freund   aus.
　Sie   gehen   mit einem Freund   aus.
　Sie   gehen   mit einem Freund   aus.

② 1) Der Zug fährt bald ab.
　 2) Wann kommen wir in Berlin an?
　 3) Er ruft seine Freundin an.
　 4) Unser Lehrer sieht sehr streng aus.
　 5) Laden Sie Ihre Freunde zum Essen ein?

練習問題 **8**（話法の助動詞）
　 1) Er kann fließend Deutsch sprechen.
　 2) Ich muss morgen um 6 Uhr aufstehen.
　 3) In diesem Sommer will ich nach Deutschland fliegen.
　 4) Du sollst sofort nach Hause kommen.
　 5) Darf ich etwas fragen?
　 6) Was möchten Sie trinken?
　 7) Er wird morgen nach Berlin fahren.

練習問題 **9**（再帰代名詞）

① mich　　　uns
　 dich　　　euch
　 sich　　　sich
　 sich　　　sich

② 1) mich ：私は彼のことで腹を立てています。
　 2) uns　：私たちは椅子の上に座ります。
　 3) sich ：砂糖は水に溶けます。
　 4) sich ：彼は髪をとかします。
　 5) euch ：君たちはいつも自分のことだけを考えています。

練習問題 10（過去形）

① **kochte   tanzte**

② ich **kam**　　　　　wir **kamen**
　du **kamst**　　　　ihr **kamt**
　Sie **kamen**　　　　Sie **kamen**
　er **kam**　　　　　sie **kamen**
　ich **wartete**　　　wir **warteten**
　du **wartetest**　　　ihr **wartetet**
　Sie **warteten**　　　Sie **warteten**
　er **wartete**　　　　sie **warteten**

③ 1) Wir gingen mit Hans ins Kino.
　　　私たちはハンスと映画に行きました。
　2) Er tanzte mit einer jungen Frau.
　　　彼は若い女性とダンスをし［てい］ました。
　3) Seine Eltern spielten Tennis.
　　　彼の両親はテニスをし［てい］ました。

練習問題 11（三基本形）

① *lachen*　　　　**lachte**　　　　**gelacht**
　tanzen　　　　**tanzte**　　　　**getanzt**
　arbeiten　　　**arbeitete**　　　**gearbeitet**
　bezahlen　　　**bezahlte**　　　**bezahlt**
　diskutieren　　**diskutierte**　　**diskutiert**
② *essen*　　　　 **aß**　　　　　　**gegessen**
　gehen　　　　 **ging**　　　　　**gegangen**
　lesen　　　　 **las**　　　　　　**gelesen**
　schlafen　　　**schlief**　　　　**geschlafen**
　sehen　　　　 **sah**　　　　　　**gesehen**
　sprechen　　　**sprach**　　　　 **gesprochen**
　trinken　　　　**trank**　　　　 **getrunken**
　versprechen　　**versprach**　　　**versprochen**

練習問題 12（完了形）

1) Er hat gestern mit ihr Tennis gespielt.
2) Die Mutter hat das Kind auf den Stuhl gesetzt.
3) Ich habe dich gestern zweimal angerufen.
4) Er hat seine Reise in Bonn unterbrochen.
5) Er hat sich aus dem Fenster gestürzt.
6) Mein Zug ist pünktlich abgefahren.

練習問題 13（受動形）

① *bauen* **gebaut werden**
　öffnen **geöffnet werden**
　schließen **geschlossen werden**

② 1) Hier wird ein neues Kaufhaus gebaut.
2) Um wie viel Uhr wird das Kaufhaus geöffnet？
3) Um wie viel Uhr wurde die Tür geschlossen？
4) Die Tür ist von draußen geöffnet worden.
5) Heute ist das Kaufhaus geschlossen.

練習問題 14（zu 不定詞）

1) ドイツ語を学ぶのはおもしろい。
2) ドイツに行くのが彼の夢です。
3) 彼はまじめにドイツ語を学ぶと約束します。
4) 彼は私に，彼のことを助けるように頼みます。
5) 私は映画に行く気になりません。（← 行く気を持っていない）
6) 彼は歌い始めます。
7) 彼は食事もしないで働きます。
8) 彼は，その本を買うために，町に行きます。

練習問題 15（比較）

①
1) *billig*　　　**billiger**　　　**billigst**
2) *alt*　　　　**älter**　　　　**ältest**
3) *schnell*　　**schneller**　　**schnellst**
4) *schön*　　　**schöner**　　　**schönst**
5) *gut*　　　　**besser**　　　**best**

② 1) fleißiger ：フランクはハンスよりも勤勉です。
   2) am schönsten ：日本は秋がもっとも美しいです。
   3) billigeren ：もっと安いコンピュータはありませんか。
   4) billigste ：一番安い部屋はいくらですか。
   5) langsamer ：どうぞ少しばかりゆっくり話してくれませんか。
   6) am besten ：君はどのワインが一番気に入りましたか。

練習問題 16（関係文）

1) der ：そこでテニスをしている男性は私の父です。
2) die ：そこでテニスをしている女性は私の母です。
3) der ：そこでサッカーをしている男性を知っていますか。
4) die ：私は昨日買った時計を探しています。
5) das ：彼女は昨日買った本を探しています。
6) dem ：彼女がそこでダンスをしている相手の男性は私たちの先生です。
7) der ：彼がそこでテニスをしている相手の女性は私たちの先生です。
8) dessen ：両親が京都に住んでいる私の友人は私を招待してくれました。

注：先行詞 mein Freund は，関係文中で die Eltern seines Freundes というように，名詞修飾の2格。男性・単数・2格の形は dessen。冠詞を削除して，Eltern の前に付けます。

練習問題 17（接続法）

① 1) habe ：彼は頭が痛いと言いました。
   2) wisse ：私は，そのことについて何か知っているかと尋ねられました。
② 1) müsse ：彼女は家に帰らねばならないと言いました。
   2) gewesen sei ：彼は家にいなかったと言いました。
③ 1) hättest / könnten：
   君に時間があるなら，私たちは映画を見に行けるのに。
   2) wäre / würde：
   風邪を引いていないなら，遠足に参加するんだけど。
   3) wäre / hätten：
   バスが時間通りに来ていたら，私たちは列車に乗り遅れなかっただろう。

不規則動詞変化一覧表

3か所を口調で覚えよう

不定形	直説法 現在	過去	接続法 第2式	過去分詞
beginnen はじめる		**begann**		**begonnen**
beißen かむ	du beißt er beißt	**biss**	bisse	**gebissen**
bieten 提供する		**bot**	böte	**geboten**
bitten たのむ		**bat**	bäte	**gebeten**
bleiben とどまる		**blieb**	bliebe	**geblieben**
brechen やぶる	du brichst er bricht	**brach**	bräche	**gebrochen**
brennen 燃える		**brannte**		**gebrannt**
bringen 運ぶ		**brachte**	brächte	**gebracht**
denken 考える		**dachte**	dächte	**gedacht**
dürfen …してもよい	ich darf du darfst er darf	**durfte**	dürfte	**dürfen gedurft**
entscheiden 決定する		**entschied**	entschiede	**entschieden**
essen 食べる	du isst er isst	**aß**	äße	**gegessen**
fahren (乗物で)行く	du fährst er fährt	**fuhr**	führe	**gefahren**
fallen 落ちる	du fällst er fällt	**fiel**	fiele	**gefallen**

独立的用法

● 173

不定形	直説法 現在	直説法 過去	接続法 第2式	過去分詞
fangen 捕らえる	du fängst er fängt	**fing**	finge	**gefangen**
finden 見つける		**fand**	fände	**gefunden**
fliegen 飛ぶ		**flog**	flöge	**geflogen**
fressen 食う	du frisst er frisst	**fraß**	fräße	**gefressen**
geben 与える	du gibst er gibt	**gab**	gäbe	**gegeben**
gehen 行く		**ging**	ginge	**gegangen**
haben 持っている	du hast er hat	**hatte**	hätte	**gehabt**
halten つかんでいる	du hältst er hält	**hielt**	hielte	**gehalten**
hängen 掛かっている		**hing**	hinge	**gehangen**
heben 持ち上げる		**hob**		**gehoben**
helfen 助ける	du hilfst er hilft	**half**	hülfe	**geholfen**
kennen 知る		**kannte**		**gekannt**
kommen 来る		**kam**	käme	**gekommen**
können ‥できる	ich kann du kannst er kann	**konnte**	könnte	**können** **gekonnt** ← 独立的用法
laden 積む	du lädst er lädt	**lud**		**geladen**

174

不定形	直説法 現在	直説法 過去	接続法 第2式	過去分詞
lassen させる	*du* lässt *er* lässt	**ließ**	ließe	**gelassen**
lesen 読む	*du* liest *er* liest	**las**	läse	**gelesen**
liegen 横たわっている		**lag**	läge	**gelegen**
lügen うそをつく		**log**		**gelogen**
mögen …かもしれない	*ich* mag *du* magst *er* mag	**mochte**	möchte	**mögen** **gemocht**
müssen …しなければならない	*ich* muss *du* musst *er* muss	**musste**	müsste	**müssen** **gemusst**
nehmen 取る	*du* nimmst *er* nimmt	**nahm**	nähme	**genommen**
raten 助言する	*du* rätst *er* rät	**riet**	riete	**geraten**
rufen 呼ぶ		**rief**	riefe	**gerufen**
schlafen 眠る	*du* schläfst *er* schläft	**schlief**	schliefe	**geschlafen**
schlagen 打つ	*du* schlägst *er* schlägt	**schlug**	schlüge	**geschlagen**
schließen 閉じる	*du* schließt *er* schließt	**schloss**	schlösse	**geschlossen**
schreiben 書く		**schrieb**	schriebe	**geschrieben**
schreien 叫ぶ		**schrie**		**geschrien**

(mögen / müssen の過去分詞欄: 独立的用法)

不定形	直説法 現在	直説法 過去	接続法 第2式	過去分詞
schwimmen 泳ぐ		**schwamm**		**geschwommen**
sehen 見る	*du* siehst *er* sieht	**sah**	sähe	**gesehen**
sein ある	*ich* bin *du* bist *er* ist	**war**	wäre	**gewesen**
singen 歌う		**sang**		**gesungen**
sitzen すわっている	*du* sitzt *er* sitzt	**saß**	säße	**gesessen**
sollen …すべきである	*ich* soll *du* sollst *er* soll	**sollte**	sollte	**sollen** **gesollt** ← 独立的用法
sprechen 話す	*du* sprichst *er* spricht	**sprach**	spräche	**gesprochen**
springen 跳ぶ		**sprang**		**gesprungen**
stehen 立っている		**stand**	stünde	**gestanden**
steigen のぼる		**stieg**	stiege	**gestiegen**
stoßen 突く	*du* stößt *er* stößt	**stieß**	stieße	**gestoßen**
tragen 運ぶ	*du* trägst *er* trägt	**trug**	trüge	**getragen**
treffen 会う	*du* triffst *er* trifft	**traf**	träfe	**getroffen**
treten 踏む	*du* trittst *er* tritt	**trat**	träte	**getreten**

不定形	直説法		接続法	過去分詞
	現在	過去	第2式	
trinken 飲む		**trank**	tränke	**getrunken**
tun する	*wir* tun *sie* tun	**tat**	täte	**getan**
vergessen 忘れる	*du* vergisst *er* vergisst	**vergaß**	vergäße	**vergessen**
waschen 洗う	*du* wäschst *er* wäscht	**wusch**		**gewaschen**
werden なる	*du* wirst *er* wird	**wurde**	würde	**geworden** **worden** ← 受動の助動詞のとき
werfen 投げる	*du* wirfst *er* wirft	**warf**	würfe	**geworfen**
wissen 知っている	*ich* weiß *du* weißt *er* weiß	**wusste**	wüsste	**gewusst**
wollen …するつもりだ	*ich* will *du* willst *er* will	**wollte**	wollte	**wollen** **gewollt** ← 独立的用法
ziehen 引く		**zog**	zöge	**gezogen**

●音声ダウンロード・ストリーミング

本書の付属 CD と同内容の音声がダウンロードならびにストリーミング再生でご利用いただけます。PC・スマートフォンで本書の音声ページにアクセスしてください。

https://www.sanshusha.co.jp/np/onsei/isbn/9784384053708/

著者略歴

在間　進（ざいますすむ）
　東京外国語大学修士課程修了（1969年）、
　東京外国語大学名誉教授、2023年逝去

辞書（編著）
『アクセス独和辞典』（三修社）『新アルファ独和辞典』（三修社）『キャンパス独和辞典』（郁文堂）『エクセル独和辞典 新装版』（郁文堂）

著書
『詳解ドイツ語文法』（大修館）『ドイツ語チャレンジブック』（三修社）『ゼロから始めるドイツ語チェックテスト』（三修社）『Z先生の超かんたんドイツ語』（郁文堂）『話すためのドイツ語入門』（白水社）

共著
『ドイツ語のABC』（白水社）『基礎マスタードイツ語問題集』（白水社）『独検合格4週間4級』（第三書房）『独検合格4週間3級』（第三書房）『独検合格1800』（第三書房）『携帯版ドイツ語会話とっさのひとこと辞典』（DHC）

編著
『ドイツ語「新正書法」ガイドブック』（三修社）『現代ドイツ情報ハンドブック』（三修社）

訳書
ヘルビヒ／ブッシャ『現代ドイツ文法』（三修社）ヘルビヒ／ブッシャ『ドイツ語ハンドブック』（第三書房＜共訳＞）

ドイツ語のスタートライン

2006年5月20日　第1刷発行
2024年2月20日　第12刷発行

著　者　　在間　進
発行者　　前田俊秀
発行所　　株式会社三修社
　　　　　〒150-0001 東京都渋谷区神宮前2-2-22
　　　　　TEL 03-3405-4511／FAX 03-3405-4522
　　　　　振替 00190-9-72758
　　　　　https://www.sanshusha.co.jp
　　　　　編集担当　菊池　暁

組版・印刷　　倉敷印刷株式会社
製本所　　　　牧製本印刷株式会社
CD製作　　　高速録音株式会社
カバーデザイン　やぶはなあきお
本文イラスト　　石村トモコ
本文デザイン　　岩井デザイン

Ⓒ 2006 Printed in Japan　ISBN978-4-384-05370-8 C1084

JCOPY〈出版者著作権管理機構 委託出版物〉
本書の無断複製は著作権法上での例外を除き禁じられています。複製される場合は、そのつど事前に、出版者著作権管理機構（電話 03-5244-5088 FAX 03-5244-5089 e-mail: info@jcopy.or.jp）の許諾を得てください。